CW01149591

"It is not the idle dreamer
who escapes from reality.
It is practical men
and women, who turn
to a life of action
as a refuge
from insignificance"

Dream on, felly . . .

I bobl Ynys Gwales,
ble bynnag y bônt

John Gray. 'Straw Dogs.
Thoughts on Humans
and other Animals'
Granta 2002 tud. 194

Hon
Ynys y galon

IWAN BALA SIÂN MELANGELL DAFYDD SIONED DAVIES
JON GOWER MERERID HOPWOOD IWAN LLWYD
BETHAN MAIR JOHN MEIRION MORRIS TWM MORYS

Gomer

Hoffwn ddiolch i'r cyfranwyr oll; diolch arbennig i Bethan Mair a Gomer am gytuno i gyhoeddi'r gyfrol hon ac am hwyluso'r gwaith. Bu'n bleser hefyd cael gweithio gydag Andy Dark unwaith eto ar gynllunio llyfr.

Iwan Bala.
Cenarth, Mehefin 2007

Cyhoeddwyd yn 2007 gan
Wasg Gomer, Llandysul, Ceredigion SA44 4JL

ISBN 978 1 84323 745 7

Hawlfraint ⓗ Iwan Bala a'r cyfranwyr unigol 2007

Mae Iwan Bala wedi datgan ei hawl dan
Ddeddf Hawlfreintiau, Dyluniadau a Phatentau 1988
i gael ei gydnabod fel awdur y llyfr hwn.

Cedwir pob hawl. Ni chaniateir atgynhyrchu unrhyw ran o'r cyhoeddiad hwn, na'i gadw mewn cyfundrefn adferadwy, na'i drosglwyddo mewn unrhyw ddull na thrwy unrhyw gyfrwng, electronig, electrostatig, tâp magnetig, mecanyddol, ffotogopïo, recordio, nac fel arall, heb ganiatâd ymlaen llaw gan y cyhoeddwyr.

Cynllunio: Andy Dark ac Iwan Bala
Ffotograffiaeth: Pat Aithie ac Iwan Bala

(Clawr) **Wele Rith...**
cyfrwng cymysg ar bapur Khadi *75x55cm* 2005

Cysodwyd yn Book Antigua a Dax

Dymuna'r cyhoeddwyr gydnabod cymorth
Cyngor Llyfrau Cymru.

Argraffwyd a rhwymwyd yng Nghymru gan
Wasg Gomer, Llandysul, Ceredigion

Hon
Ynys y galon

Iwan Bala

DELWEDDU
YNYS GWALES

HON

Beth yw'r ots gennyf i am Gymru? Damwain a hap
  Yw fy mod yn ei libart yn byw. Nid yw hon ar fap

Yn ddim byd ond cilcyn o ddaear mewn cilfach gefn,
  Ac yn dipyn o boendod i'r rhai sy'n credu mewn trefn.

A phwy sy'n trigo'n y fangre, dwedwch i mi.
  Pwy ond gwehilion o boblach? Peidiwch, da chwi,

 chlegar am uned a chenedl a gwlad o hyd:
  Mae digon o'r rhain, heb Gymru, i'w cael yn y byd.

R'wyf wedi alaru ers talm ar glywed grŵn
  Y Cymry, bondigrybwyll, yn cadw sŵn.

Mi af am dro, i osgoi eu lleferydd a'u llên,
  Yn ôl i'm cynefin gynt, a'm dychymyg yn drên.

A dyma fi yno. Diolch am fod ar goll
  Ymhell o gyffro geiriau'r eithafwyr oll.

Dyma'r Wyddfa a'i chriw; dyma lymder a moelni'r tir;
  Dyma'r llyn a'r afon a'r clogwyn; ac, ar fy ngwir,

Dacw'r tŷ lle'm ganed. Ond wele, rhwng llawr a ne'
  Mae lleisiau a drychiolaethau ar hyd y lle.

Rwy'n dechrau simsanu braidd; ac meddaf i chwi,
  Mae rhyw ysictod fel petai'n dod drosof i;

Ac mi glywaf grafangau Cymru'n dirdynnu fy mron.
  Duw a'm gwaredo, ni allaf ddianc rhag hon.

T.H. Parry-Williams

AC YMHEN Y SEITHFED flwyddyn y cychwynasant parth â Gwales ym Mhenfro. Ac yno yr oedd iddynt le teg, brenhinaidd uwchben y weigli, a neuadd fawr oedd, ac i'r neuadd y cyrchasant. A dau ddrws a welent yn agored; y trydydd drws oedd ynghaead, yr un y tu â Chernyw. "Wel' di acw," eb Manawydan, "y drws ni ddylem ni ei agori." A'r nos honno y buont yno yn ddiwall ac yn hyfryd ganddynt. Ac er a welsent o ofid yn eu gwydd, ac er a gawsent eu hunain, ni ddoi gof iddynt hwy ddim, nac o hynny nac o alar yn y byd. Ac yno y treuliasant y pedwar ugain mlynedd hyd na wybuant hwy erioed ddwyn ysbaid ddymunolach na hyfrytach na honno. Nid oedd anesmwythach ganddynt hwythau gydfod â'r pen y pryd hwnnw na phan fuasai Bendigeidfran gyda hwynt. [Ac o achos y pedwar ugain mlynedd hynny y gelwid Ysbyddawd Urddol Ben. (Ysbyddawd Franwen a Matholwch oedd yr hon yr aethpwyt iddi i Iwerddon.)]

Sef a wnaeth Heilyn fab Gwyn ddyddgwaith. "Mefl ar fy marf i," eb ef, "onid agoraf y drws, i wybod ai gwir a ddywedir am hynny." Agori'r drws a wnaeth, ac edrych ar Gernyw, ac ar aber Henfelen. A phan edrychodd, yr oedd gyn hysbysed ganddynt y gynifer colled a gollasent erioed, a'r gynifer câr a chydymaith a gollasent, a'r gynifer drwg a ddaethai iddynt, a phe bai'r pryd hwnnw y cyfarfyddai â hwynt; ac yn bennaf oll am eu harglwydd. Ac o'r awr honno ni allasant hwy orffwys, namyn cyrchu â'r pen parth â Llundain. Pa hyd bynnag y byddent ar y ffordd, hwynt a ddaethant hyd yn Llundain, ac a gladdasant y pen yn y Gwynfryn.

Diweddariad o Bedair Cainc y Mabinogi gan T.H. Parry-Williams, Caerdydd 1937

Mererid Hopwood

Uno

Rhoddaist inni fap o siapau
i'w dirnad
rhoddaist inni'r byd mawr
yn fach dan olau lleuad.

Cawsom y môr yn las rhwng canfasau
dy ddychymyg
a gwelsom dan y tonnau
ddyfnder yn chwarae mig.

A phaent du y nos
yn pwyso'n drwm ar dy feddwl,
dest ti â hon yn agos
a'i dangos yn suddo drwy'r cwbwl.

A phwy na wêl y ffin wen
rhwng byd a byd,
heb adnabod yr ynys anniben
sy'n ein galw ni i gyd?

Uno byd neu ei golli
inc India, pastel a dyfrliw ar bapur
19x23cm 2006

Cynnwys

Cyflwyniad	**10**	Bethan Mair
Nid nepell o'r tir mawr	**12**	Mererid Hopwood
Ynys fechan Gwales yw	**13**	Jon Gower
Myfyrdodau	**14**	Iwan Bala
Gwales y Mabinogi	**16**	Sioned Davies
Calon	**20**	Mererid Hopwood
Gwales (Ararat)	**24**	John Meirion Morris
Mariona'r ynys	**26**	Mererid Hopwood
Cysgodion hen dduwiau…	**38**	Iwan Bala
Cernunnos	**42**	Iwan Bala
Wythnos yng Ngwales	**44**	Iwan Llwyd
Ynys y galon	**61**	Iwan Bala
Gorwel	**62**	Mererid Hopwood
"Lluniau yn dweud storïau"	**93**	Siân Melangell Dafydd
Gwales	**122**	Twm Morys
Ffurf fy ngwlad	**124**	Iwan Bala
Cyfranwyr	**138**	
Bywgraffiad Iwan Bala	**140**	

cyflwyniad

Bethan Mair

Anaml y daw llyfrau fel y gyfrol hon o'r wasg. Prinnach fyth – a mwy gwerthfawr o ganlyniad – yw cael cyfrol mor fendigedig â hon, ac mor anturus o arloesol, mewn iaith leiafrifol. Peth ffodus iawn i ni felly yw mai artist Cymraeg yw Iwan Bala. Nid gwall mo hynny; ydy, mae Iwan yn artist o Gymro, ac yn artist Cymreig, ond mae hefyd yn artist y mae'r Gymraeg yn ganolog i'w waith, nid yn unig yn ei ddefnydd ohoni yn ei ddelweddau ond fel iaith sy'n darparu ysbrydoliaeth a ffrwyth ymenyddol iddo greu gweithiau celf pryfoclyd a ffraeth.

Dathliad yw'r gyfrol hon o waith Iwan Bala, gyda chyfraniadau gan rai o awduron a llenorion gorau Cymru. Ac eto, nid *festschrift* heglog mohoni, ond yn hytrach un corff o waith sy'n dathlu celfyddyd trwy greu celfyddyd newydd. O wrthosod delweddau dramatig Iwan yn erbyn darnau ysgrifenedig gan brifeirdd, artistiaid, academyddion a sylwebyddion, fe ddatblygwyd *genre* newydd ym myd llyfrau Cymraeg – yn wir, ym myd cyhoeddi yn gyffredinol o bosib. Dyma gyfrol sy'n cyfuno gair a llun, yn cyfuno cyfryngau, a gwneud yr elfennau'n anhepgor i'w gilydd nes peri i'r cyfan eplesu.

Delweddau o Gymru, oddi mewn ac oddi allan iddi, yw'r ysbrydoliaeth i holl gynnwys y gyfrol hon. Un man cychwyn oedd rhai o baentiadau Iwan Bala o Ynys Gwales; man cychwyn arall oedd cyfres o sgyrsiau gafodd Iwan Bala, Twm Morys ac Iwan Llwyd pan oedd y tri yn Efrog Newydd rai blynyddoedd yn ôl. Yn ystod yr 'alltudiaeth' honno, taniwyd dychymyg Iwan Bala i feddwl am ddiwylliant, ac am ddiwylliant Cymru yn arbennig, mewn dull newydd a gwahanol. Cam naturiol iddo oedd gwahodd ei ddau gyd-deithiwr i fod yn rhan o'r prosiect arloesol hwn, oherwydd mai trwy sgwrsio a mwydro a malu gyda hwy y plannwyd yr hedyn. Cyd-ddigwyddiad braf oedd mai Mererid Hopwood oedd bardd gwadd yr arddangosfa Gelfyddydau Gweledol yn Eisteddfod Genedlaethol Tyddewi yn 2002, ac iddi gael ei hysbrydoli gan rai o baentiadau Iwan yn yr arddangosfa honno. Cam naturiol arall, o weld mai Gwales – ynys ddychmygol, ledrithiol, chwedlonol, ond hefyd lleoliad daearyddol hollol ddiriaethol – fu'n ysbrydoliaeth i rai o'r paentiadau, oedd gwahodd dau arbenigwr ar ddau wyneb yr ynys i gyfrannu. Arbenigwraig ar chwedloniaeth y Mabinogi yw yr Athro Sioned Davies a naturiaethwr, adarwr ac awdur a fu'n warden Ynys Gwales yw Jon Gower. Mwy anturus, ar rhyw wedd, oedd gofyn i artist arall, y cerflunydd John Meirion Morris, ymateb i waith Iwan, ac eto y mae'n briodas naturiol iawn: John yw un o sylfaenwyr y syniad o gelfyddyd fel cylch, a hynny'n rhan o'n treftadaeth Geltaidd, ac fel cylch cyflawn y gwelir cynnwys y gyfrol hon. Yn clymu'r cyfan at ei gilydd mewn ysgrif sy'n cwmpasu holl elfennau'r gyfrol y mae'r sylwebydd celf a'r llenor Siân Melangell Dafydd, y bu gweld un o ddarluniau Iwan mewn arddangosfa yn – o bobman – y Bala yn symbyliad iddi ddechrau ymddiddori mewn celf, gan osod ei thraed ar lwybr di-droi'n-ôl o fwynhau a gwerthfawrogi celfyddyd yn broffesiynol yn ogystal ag yn bersonol.

Ond pam 'Hon'? Mae cerdd adnabyddus T. H. Parry-Williams, gyda'i chymysgedd nodweddiadol o ddifaterwch coeglyd ac ymlyniad poenus yn gweddu i'r dim i'n hoes ni. Fe allai 'Beth yw'r ots...' fod yn arwyddair i'n hamserau, ac eto, y gwir amdani yw ei bod hi'n anodd i'r un ohonom ddianc rhag crafangau Cymru, pe dymunem hynny. Mae hi'n sicr yn wir na all Iwan Bala ddianc rhagddi; y mae hi yno ymhob darlun, ymhob paentiad, ymhob delwedd. Nid 'Cymru lân, Cymru lonydd' mo'r Gymru hon, mae'n wir; na, lle llawer mwy cymhleth a deinamig na hynny ydyw, ond dyna sy'n ei yrru hefyd: Cymru yw'r injan greadigol sy'n cynhyrchu'r ynni rhyfeddol a welwn yn y gyfrol hon.

Bethan Mair
Mehefin 2007

Hon XXX
cyfrwng cymysg ar bapur Khadi
30x25cm 2006

Nid nepell o'r tir mawr

Mererid Hopwood

Pan hwyli di hwnt i'r don
a'r dŵr, draw i'th fro dirion,
i'r rhywle nad yw nepell,
y man nad yw fyth ymhell –
ai rhoi'i hunan wna'r ynys,
rhoi'i ffawd rhwng dy fawd a'th fys,
ac ai dod yn gwbl fodlon
i'th waith hardd wna'r eneth hon?

Neu ai rhoi ei hun o raid
a wna'r ynys, rhoi'i henaid
a'i llun a'i holl liwiau hi
yn ateb breuddwyd iti?
Rhoi ei hun er mwyn parhad
rhyw olau mewn rhyw eiliad?
Rhoi'i byd am un funud fach
sy'n aros oes yn hirach.

Ffigwr mewn Tirwedd
(Yng nghysgod hen dduwiau)
olew ar gynfas *61x50cm* 1997

Ynys fechan Gwales yw

Jon Gower

Ac ym penn y seithuet ulwydyn, y kychwynassant parth a Gualas ym Penuro. Ac yno yd oed udunt lle teg brenhineid uwch benn y weilgi, ac yneuad uawr oed, ac y'r neuad y kyrchasant.

Fe alla i ddweud 'thoch chi'n union ble mae'r ynys – ewch â'r kayak i 05 28 43 Gorllewin a 51 43 50 Gogledd neu 14 km oddi ar arfordir sir Benfro. Nid oes neuad, neu neuadd, yno bellach, os bu yno neuadd erioed, ond hon yw ynys y gwaywffyn, os derbyniwch chi taw rhyw fath o waywffon yw'r hugan, yr aderyn môr mwyaf ym Mhrydain. Mae'n hawdd ei adnabod o bell oherwydd ei faint ac oherwydd ei fod yn wyngalch o blu, a blaen ei adenydd yn ddu fel bola buwch. Os gwelwch yr aderyn yn fwy agos mae ei ben yn oren-felyn ac mae ei big fel bidog.

Mae dros gan mil ohonynt yn heidio i Ynys Gwales yn yr haf, yn gymysgedd o dros dri deg mil o barau ynghyd ag unigolion digymar, gan greu y drydedd huganfa fwyaf yng Ngogledd Môr Iwerydd. Dyma'r unig le mae'r aderyn yn nythu yng Nghymru, er bod oedolion optimistig wedi treulio amser ar Ben y Gogarth ger Llandudno o bryd i'w gilydd. Gyda chorff siâp sigâr ac adenydd chwe troedfedd ar draws mae'n aderyn trawiadol. Dyma batrwm sy'n siŵr o ddenu llygad rhywun tra'n adara neu bysgota am fecryll. Ond pan fydd yr hugan ei hun yn pysgota does arni ddim angen na gwialen na lein, oherwydd pan fydd yn gweld fflach o arian o dan y tonnau bydd yn plygu ei adenydd a phlymio tuag atynt, y big hir siarp fel pen y waywffon. Ar ôl disgyn o hyd at 140 troedfedd mae ei gorff yn syrthio'n gyflym drwy'r awyr, gan deithio hyd at 100km yr awr. Cyn taro wyneb y môr, y weilgi, mae sachau o awyr yn llenwi yn ei ben, yn union fel y sachau awyr sy'n cadw dyn rhag hyrddio drwy ffenest car. Mae ei ffroenau y tu mewn i'w big, er mwyn

Tirwedd Breuddwyd
olew ar gynfas *47x70cm* 1990

Myfyrdodau
Iwan Bala

O ble ddaeth yr ynys ar y gorwel? Pam ei bod yn bresenoldeb parhaus yn fy ngwaith? Dwn i ddim yn iawn, dyna'r ateb. O edrych yn ôl gwelaf ei bod wedi bod yno ers y dechrau, o'r 1980au ymlaen yn sicr. Pan oeddwn yn blentyn ac yn byw yn y Sarnau ger y Bala, Afallon oedd yr enw a roddodd Nhad a Mam ar ein tŷ; Tŷ'r Ysgol y gelwid o gynt. A oes rhyw arwyddocâd

rhwystro dŵr rhag mynd i mewn wrth iddo daro'r tonnau. Eiliadau cyn i hynny ddigwydd mae membrên arbennig yn syrthio dros ei lygaid a'r adenydd yn cau'n hollol. Mae'n aderyn wedi ei gynllunio i blymio. Gwae unrhyw fecryll sy'n nofio o dan ei gysgod.

O'r pellter, mae craig basalt Gwales – tystiolaeth o hen losgfynyddoedd yn y parthau hyn – yn edrych yn hanner gwyn a hanner du, fel adlais o liw'r aderyn ei hunan. Mae'n olygfa gyfarwydd i deithwyr ar y fferi i Iwerddon, sy'n gweld yr ynys ddi-liw ddeuliw o bell. Dyma i chi batrwm apelgar y dychymyg Celtaidd, oedd yn hoff o weld coeden yn hanner gwyrdd gan ddail a hanner coch gan dân. Rhaid i'r cwch ddod yn agosach, drwy ddŵr môr mor wyrdd â photel win a chydag adar drycin Manaw yn sgowtio ar y naill ochr a'r llall, i ddeall yn well beth sy'n achosi'r ddau liw. Dim ond yn agos y gwelwch yr adar gwynion yn nythu – yn gorfod nythu – mor agos i'w gilydd, heb sôn am y haen drwchus o dom, neu guano, enw pobl Chile a De America amdano. Mae'r stwff yn blisgyn trwchus ar ben y graig ble mae'r adar yn nythu. Mae'r lle'n drewi a sŵn y clochdar cynulleidfaol yn byddaru a'r olygfa yn sbectacl cystal ag unrhyw beth ym myd natur, cystal ag anifeiliaid y Serengeti neu eirth Alasga. Wrth i'r adar chwyrlïo uwch eich pen mae'r ynys yn un storom ddigyfaddawd o gonffeti gwyn, ac mae cri'r adar – "w-ra, ra, ra, ra, ra, ra, ra" – fel torf cae rygbi yn udo ar asgellwr i groesi'r linell.

Mae'r nythfa yma'n gymharol ddiweddar. Ar un adeg y pâl oedd yn frenin yma, gyda miloedd o'r adar doniol gyda'u pigau trionglog yn nythu mewn tyllau dan y gwair. 'Doedd 'na ddim huganod yma o gwbl ar ddechrau'r bedwaredd ganrif ar bymtheg, ond wedi i ddyn ymyrryd yn y nythfa ar Ynys Wair oddi ar arfordir gogleddol Dyfnaint mae'n debyg fod yr adar wedi symud o Loegr i Gymru, gydag ugain pâr yn nythu yma yn 1820. Erbyn diwedd y ganrif honno roedd 200 pâr ar yr ynys, er y difrodwyd nifer gan aelodau'r llynges, yn forwyr ac yn swyddogion, a laniodd a saethu adar dirifedi a dinistrio pob wy. Gofynnwyd cwestiynau yn Nhŷ'r Cyffredin a chafwyd erlyniad lwyddiannus gan yr RSPCA yn Hwlffordd, gan arwain at ddirwy o £22.17s. Dechreuodd adar nythu ar y Twmp Gorllewinol ar Gwales ac yma, heddiw, mae 'na glwb enfawr o adar ifainc, digymar yn

yn hyn tybed? Digon prin – Gelert oedd enw'r ci hefyd! Dwi erioed wedi byw ger y môr, (prin y medrech chi alw Caerdydd yn lan-y-môr) er bod fy rhieni bellach wedi symyd i Borth-y-Gest, yr hafan ddelfrydol honno rhwng môr

14

dod at ei gilydd yn ystod yr haf i glebran a gobeithio. Pan oeddwn yn gweithio i'r Gymdeithas Frenhinol er Gwarchod Adar byddem ninnau hefyd yn gorfod mynd i Wales ar ddiwedd yr haf – diwedd Medi, dechrau mis Hydref, gan ddibynnu ar y tywydd – i wneud rhywbeth trist iawn. Mae'r hugan, fel y bioden, neu'r titw gynffon hir ar y tir mawr, yn dod o hyd i ddeunydd ar gyfer adeiladu nyth ble bynnag y medra – gwymon a gwair ar yr ynys gan amlaf – ac mae'r deunydd yn aml yn dod o'r fflotsam ar wyneb y tonnau. Mae hyn yn medru cynnwys darnau o lein bysgota plastig, monoffilament, neu'n waeth byth, y plastig hynny sy'n cadw tuniau cwrw, fesul hanner dwsin, gyda'i gilydd. Mae'r nyth yn tyfu'n rhywbeth peryglus i'r cywion felly, a gall nifer gael eu dal yn y nyth: y nyth sydd fel magl oherwydd difaterwch dyn a'i sbwriel. Bydd gweld y cywion yn sownd mewn lein, a'r lein wedi bwyta'n ddwfn i'r goes, reit hyd at yr asgwrn, yn torri calon a bydd yn rhaid ampiwteiddio'r goes. Ond mae'r adar ungoes yn dal i allu pysgota a byddant yn ymuno â'r adar ifainc eraill sy'n treulio'r gaeaf yn y moroedd ger Moroco a Senegal.

   Roeddwn ar yr ynys yng nghwmni'r arch-naturiaethwr a'm ffrind bore oes Iolo Williams. Wrth i'r cwch symud tuag at yr ynys roeddem wedi bod yn trafod rôl y lle yn y Mabinogi gyda'r milwyr yn cludo pen Bendigeidfran a'r holl angof 'na. Ymateb yn sinigol-ddoniol i'r testun wnaeth Iolo. Ond yno, uwch ein pennau roedd 'na haid cymysg o ddau rywogaeth, y coch-dan-adain a'r wennol, yn troi yn yr awyr – cymysgedd o adar y gaeaf wedi cyrraedd o ogledd Rwsia ac adar yr haf ar ei ffordd i'r Affrig – yn un cwmwl uwch ein pennau. Roedd fel sefyll ar ganol croesffordd y tymhorau ac roedd hyd yn oed y naturiaethwr yn gorfod derbyn bod 'na rywbeth goruwchnaturiol ynglŷn â'r lle. Mwy o bethau yn y nefoedd a'r ddaear, sibrydiais, fel Horatio'n annerch Hamlet… wnaeth f'atgoffa am rywbeth ddywedodd awdur yn Ffrainc unwaith – taw hen, hen sibrydion yw chwedlau wedi'r cwbl, ac ymhlith crawcian yr holl adar môr wrth iddynt godi o'r tir, roedd 'na sibrydion hefyd, fel dafnau o niwl yn cael eu cario gan y gwynt i gyrraedd rhyw dudalen wag yn rhywle

agored a chadarnle creigiog Gwynedd. Mae'r byd mawr i'w flasu ar awel y môr, a'i lond o gynhesrwydd llif Gwlff Mecsico, a sicrwydd cartref i'w gael yn y cefndir mynyddig cyfagos.

Gwales y Mabinogi

Sioned Davies

Mae rhyw dynfa wedi bod erioed at yr ynysoedd hynny sy'n gorwedd oddi ar arfordir Cymru. Dyma lle âi'r saint cynnar i ddianc rhag y byd a'i bethau, ac i gael tawelwch i fyfyrio a gweddïo. Dyhead llawer un oedd gorffwys yno am byth, 'yn nwys dangnefedd' ynys megis Enlli, lle yn ôl y sôn y claddwyd ugain mil o saint. Ond heblaw'r cysylltiad â'r crefyddol a'r ysbrydol, mae i lawer o'r ynysoedd hyn gysylltiadau mwy cyntefig, a'u bodolaeth ynghlwm â'r tylwyth teg a'r lledrithiol; ynys felly yw Gwales y Mabinogi.

Cyfeirir at Gwales yn Ail Gainc y Mabinogi, y chwedl sydd yn adrodd am y briodas rhwng Branwen ferch Llŷr a Matholwch frenin Iwerddon. Oherwydd gweithred erchyll ei hanner-brawd Efnysien, cosbir Branwen gan y Gwyddelod a'i gorfodi i bobi yng nghegin y llys. Ond llwydda i anfon neges at ei brawd, y cawr Bendigeidfran, frenin Prydain. Cerdda yntau drwy'r môr i achub ei chwaer, a cheir brwydro ffyrnig rhwng y ddwy garfan. Wedi i Bendigeidfran gael ei glwyfo yn ei droed â gwaywffon wenwynig, gorchmyna i'w wŷr dorri ei ben i ffwrdd, a dychwelyd i Brydain i gladdu'r pen yn Llundain, gweithred a fyddai'n sicrhau na ddeuai unrhyw ormes i'r ynys. Dilynir cyfarwyddiadau Bendigeidfran – mae'r saith sydd wedi goresgyn y frwydr waedlyd yn gwledda yn Harlech am saith mlynedd, ac Adar Rhiannon yn canu iddynt (yr adar, yn ôl chwedl *Culhwch ac Olwen*, sydd yn di-huno'r meirw ac yn huno'r byw). Yna, teithiant i Gwales ym Mhenfro. Yma, y mae lle teg, brenhinol uwchben y môr, a neuadd wedi ei pharatoi ar eu cyfer. A dyma ddechrau cyfnod paradwysaidd sydd yn parhau am bedwar ugain mlynedd. Ceir digon o bopeth yno; mae'r gwŷr yn anghofio am bob gofid a ddaeth i'w rhan erioed; nid oes neb yn heneiddio; ac y mae pen Bendigeidfran cystal ei gwmnïaeth ag a fu erioed. Ond, wrth gwrs, ni all sefyllfa o'r fath barhau am byth. Anwybyddir rhybudd Bendigeidfran, ac agorir y drws gwaharddedig sydd yn wynebu Cernyw.

Cwestiwn arall fyddai hwn: a ddylai artist fod yn ymwybodol o bob elfen yn ei waith? A oes rhaid rhesymegu popeth? Mae'n ofynnol i fyfyrwyr yn y celfyddydau fod yn hunan-ddadansoddol, ond a yw hyn yn wir am bob artist? Yn ôl y llenor Borges, rhaid i'r awdur anghofio beth yw ystyr y gwaith, a pheidio mynnu cadw 'awdurdod' dros y cyfansoddiad.

Ambell waith bydd yr ynys yn ymddangos yn fwriadol yn fy ngwaith a hynny'n dilyn cyfnod o fyfyrio am ei pherthnasedd. Ond ambell waith, ymddengys fel elfen reddfol o'r cyfansoddiad – ynteu tybed ai allan o arferiad y daw i'r golwg, efallai? Ond hyd yn oed wedyn, mae yna ddilysrwydd i'r peth yn rhywle. Ymchwiliais i gefndir Ynys Gwales, ei mytholeg

Cyn gynted ag y gwneir hyn, agorir rhyw ddrws yn y cof, a llifeiria'r atgofion erchyll yn ôl i'r meddwl – y lladdfa enbyd yn Iwerddon, yr holl golli gwaed, y tristwch; ond yn fwy na dim sylweddolant fod eu harglwydd wedi marw. O'r eiliad honno, ni allant aros ar yr ynys, ond cyrchu Llundain ar unwaith a chladdu'r pen yn y Gwynfryn.

Yn y Gymraeg, yr enw cyffredin ar yr arallfyd yw Annwfn. Weithiau fe'i portreadir fel byd o dan y ddaear, bryd arall fel ynys hudol. Ceir cyfeiriad penodol ato yng Nghainc Gyntaf y Mabinogi, pan yw Pwyll Pendefig Dyfed yn gwneud iawn ag Arawn frenin Annwfn trwy gyfnewid lle ag ef am flwyddyn a lladd ei elyn. Yn yr achos hwn, mae Annwfn fel petai yn estyniad o Ddyfed heb unrhyw ffin benodol rhwng y ddwy wlad. Yno ceir y llys harddaf a welsai neb erioed a digonedd o fwyd a diod. Ond heblaw am hynny, prin yw'r manylion. Yn yr Ail Gainc, fel yr amlinellwyd uchod, ni chrybwyllir yr enw Annwfn fel y cyfryw wrth ddisgrifio'r ddwy wledd yn Harlech a Gwales; eto i gyd, mae'n amlwg mai gwleddoedd arallfydol ydynt sydd yn digwydd mewn rhyw baradwys ddaearol, cysyniad sydd yn gyffredin i sawl diwylliant ac i'w olrhain i'r cyfnod cyn-Gristnogol.

Mae llawer o'r elfennau a gysylltir â'r wledd ar ynys Gwales i'w gweld mewn chwedloniaeth ryngwladol. Yn aml, lleolir y baradwys ar ynys, a hawdd yw gweld pam. Mannau trothwyol yw ynysoedd a rhyw rin arbennig yn perthyn iddynt – nid ydynt yn rhan o'r arfordir mawr. Mae eu gweld ar y gorwel – weithiau yn diflannu yn y niwl – yn ennyn nid yn unig chwilfrydedd ond hefyd ryw barchedig ofn. Yn yr Wyddeleg, er enghraifft, ceir dosbarth arbennig o chwedlau, yr *immrama* ('môr-deithiau'), sydd yn adrodd hanes arwyr yn ymweld ag ynysoedd o'r fath, mannau llawn hapusrwydd lle ceir digonedd o fwyd a diod, lle clywir cerddoriaeth hudolus, a lle bo amser yn sefyll yn stond. Ond o bryd i'w gilydd, pan ddychwel y meidrolyn i'r byd go iawn, bydd yn heneiddio yn y fan a'r lle hyd nes weithiau nid oes dim ohono i'w weld ond pentwr o lwch, fel yn achos Osian ar ôl ei arhosiad yn Nhir na 'N-Og. Ar ynys Gwales, ar y llaw arall, ymddengys bod amser yn mynd heibio'n gyflymach nag ar y tir mawr. Mae'r saith gŵr yn aros yno am bedwar ugain mlynedd heb heneiddio; diau, wedi iddynt ymadael â'r ynys, byddent yn sylweddoli bod y cyfnod wedi bod yn un llawer byrrach, er na wneir unrhyw sylw yn y testun ei hun. Ceir hefyd wahaniaeth rhwng ansawdd bywyd yn y ddau fyd. Mae'r amser

a'i symboliaeth: Gwales, ynys ddychmygol, ynteu arall-enw? Tydi o'n rhyfedd o beth mai dim ond trwy golli un llythyren y cawn yr enw Sacsonaidd yna, Wales?

ar Gwales yn cynrychioli'r cyfnod mwyaf hapus a dymunol a dreuliodd y gwŷr erioed: ni cheir arlliw o'r gofidiau a'u poenai pan ar y tir mawr – cenfigen, dial, drygioni, dinistr. Ond, wrth gwrs, fel ym mhob achos, mae amod ynglŷn ag aros ym mharadwys – ai bwyta o'r pren gwaharddedig ai dwyn aur y tylwyth teg. A chyn gynted ag y torrir yr amod fe gollir y cyfan:

Dyma a wnaeth Heilyn fab Gwyn un diwrnod.

'Cywilydd ar fy marf i,' meddai ef, 'onid agoraf y drws i wybod ai gwir a ddywedir am hynny.'

Agorodd y drws, ac edrych ar Gernyw ac ar Aber Henfelen. A phan edrychodd, yr oedd pob colled a gollasant erioed, a phob cyfaill a chydymaith a gollasant, a phob anffawd a ddaethai i'w rhan mor amlwg â phe bai wedi cyfarfod â hwy yno; ac yn bennaf oll am eu harglwydd. Ac o'r eiliad honno ni allent orffwys ond cyrchu â'r pen tua Llundain.

Ychydig iawn o fanylion a gawn am y gwledda arallfydol ar ynys Gwales – ni cheir unrhyw ymdrech i ddisgrifio'r neuadd fawr ei hun na'r modd y cynhaliwyd y gwŷr dros y cyfnod hirfaith. Yn hytrach, mae'r pwyslais ar greu awyrgylch gan awgrymu yn hytrach na nodi'n fanwl. Mae'r cyfan yn troi o gwmpas y pen; yn wir, yr enw a roddir ar yr episod gan yr awdur yw 'Gwledd y Pen Urddasol'. Efallai'n wir fod elfen o chwarae ar eiriau yma gan fod dau ystyr i 'pen', sef *head* a *chief*. Defnyddiodd Bendigeidfran ei hun y gair 'pen' (yn yr ystyr o 'pennaeth') yn gynharach yn y chwedl wrth iddo weithredu fel pont a gorwedd dros yr afon gan ddatgan y geiriau a dyfodd yn ddihareb: 'A fo ben, bid bont.' Ond ceir digon o dystiolaeth i ddangos fod arwyddocâd arbennig i'r pen (*head*) ymysg y Celtiaid. Roedd gan rai pennau bwerau arbennig, er enghraifft credid y byddai gwŷr Ulster yn derbyn nerth trwy ddefnyddio pen Conall Cernach fel llestr i yfed ohono, tra bo ffynonellau eraill yn cyfeirio at arwyr megis Cú Chulainn yn casglu pennau y rhai a orchfygwyd ganddynt mewn brwydr. Mewn rhai chwedlau Gwyddeleg, cyfeirir at dorri pen yr arwr wedi iddo gael ei ladd ar faes y gad; yn y wledd sydd yn dilyn, mae'r pen yn siarad. Efallai'n wir mai dyna ystyr y sylw fod y pen gystal ei gwmnïaeth â phan oedd Bendigeidfran yn fyw, hynny yw fod y brenin yn parhau i gymdeithasu ac i ofalu am ei wŷr hyd yn oed wedi ei 'farwolaeth'. Os felly, ceir gwrthgyferbyniad â'r hyn a ddigwyddodd i

Wrth feddwl am thema'r ynys yn fy ngwaith diweddar, daeth yn amlwg i mi bod y ddelwedd hon wedi bod gyda mi gydol fy ngyrfa fel artist, ac mae'r lluniau sy'n cael eu cynnwys yn y gyfrol hon, felly, yn olrhain hyn yn ôl. Mae fy nghof fel gogor, ond mae'n syndod gweld wrth edrych yn ôl ar waith y gorffennol sut mae cysgodion rhyw gof cynhenid yn y gwaith ei hun, pob llun yn cofio'r lluniau a ddaeth o'i flaen fel petai, er i mi, yn ymwybodol o leiaf, anghofio.

Mae pob llun – llwyddiannus neu beidio – yn aros yn y cof ac ar flaen y bysedd wrth i rywun weithio, fel rhyw palimpsest. Y cwbl y filwyr Iwerddon yn gynharach yn y chwedl, sef wedi iddynt gael eu lladd a'u taflu i'r Pair Dadeni, daethant yn fyw drachefn ond ni fedrent siarad.

Ble yn hollol, felly, y mae Gwales y *Mabinogi*? Ynys fechan ydyw, tua naw milltir i'r de-orllewin o arfordir Sir Benfro, ynys Grassholm yn y Saesneg. Ers 1947 bu'n warchodfa adar ac y mae bellach yn gartref i filoedd o huganod. Cysylltid yr ardal ag elfennau goruwchnaturiol hyd y cyfnod diweddar. Yn ôl adroddiad am Captain John Evans yn y *Pembroke County Guardian* (1896):

> Once when trending up the Channel, and passing Grasholm Island, in what he had always known as deep water, he was surprised to see windward of him a large tract of land covered with a beautiful green meadow. It was not, however, above water, but just a few feet below... so that the grass wavered and swam about as the ripple flowed over it, in a most delightful way to the eye, so that as watched it made one feel quite drowsy. You know, he continued, I have heard old people say there is a floating island off there, that sometimes rises to the surface, or nearly, and then sinks down again fathoms deep, so that no one sees it for years, and when nobody expects it comes up again for a while. How it may be, I do not know, but that is what they say.

Yn ôl ffynhonnell arall o'r un cyfnod, yr oedd tylwyth teg yn byw ar yr ynysoedd gwyrdd hyn oddi ar arfordir Sir Benfro. Eu henwau oedd Plant Rhys Ddwfn, llygriad efallai o Plant yr Is Ddwfn. Fel yn achos yr enw Annwfn, ystyr *dwfn* yw 'byd'; felly, dyma Blant yr Is-Fyd. Byddai unrhyw un a fyddai'n ymweld â hwy yn tybio iddo fod i ffwrdd am awr neu ddwy, ond mewn gwirionedd byddai blynyddoedd wedi mynd heibio. Ar draws y canrifoedd, felly, goroesodd y gred mai mannau o hud a lledrith oedd Gwales a'r ynysoedd cyfagos, gan bontio rhwng oes y *Mabinogi* a heddiw.

Mae sawl ynys ledrithiol yn gorwedd oddi ar arfordir Cymru. Ond diau mai Gwales sydd yn procio'r dychymyg yn anad un, a hynny'n bennaf oherwydd ei chysylltiadau â'n chwedloniaeth gynnar. Mae symbolaeth gref y pen toredig, y drws na ddylid ei agor, y rhyddhad o gael anghofio, y dyheu am beidio â heneiddio yn plethu ynghyd gan ein herio i ailddarllen y chwedl a'i dehongli o'r newydd ar gyfer yr unfed ganrif a'r hugain.

mae rhywun yn ei wneud yw ychwanegu delwedd arall ar ben yr hen un.

Calon

Mererid Hopwood

O dan y dŵr
pwy ŵyr yn siŵr
y dolur sydd yn cuddio?
Pwy ŵyr y daith
i'r dyfnder maith
at galon wedi'i brifo?

O dan y don
mae'r eneth hon
heno'n golchi'i chlwyfau,
ai dim ond ti
a'i gwelodd hi
a'r llanw'n dwyn ei lliwiau?

O dan y wlad
mae criw y bad
heno'n codi angor,
a chyn bo hir
ni fydd na thir
na môr na dim byd rhagor

Cans dan y tir
mae stori wir
yn gwaedu geiriau'n araf,
mae'r trai ar dro,
rwy'n colli 'ngho,
mae'r graig yn mynd odanaf.

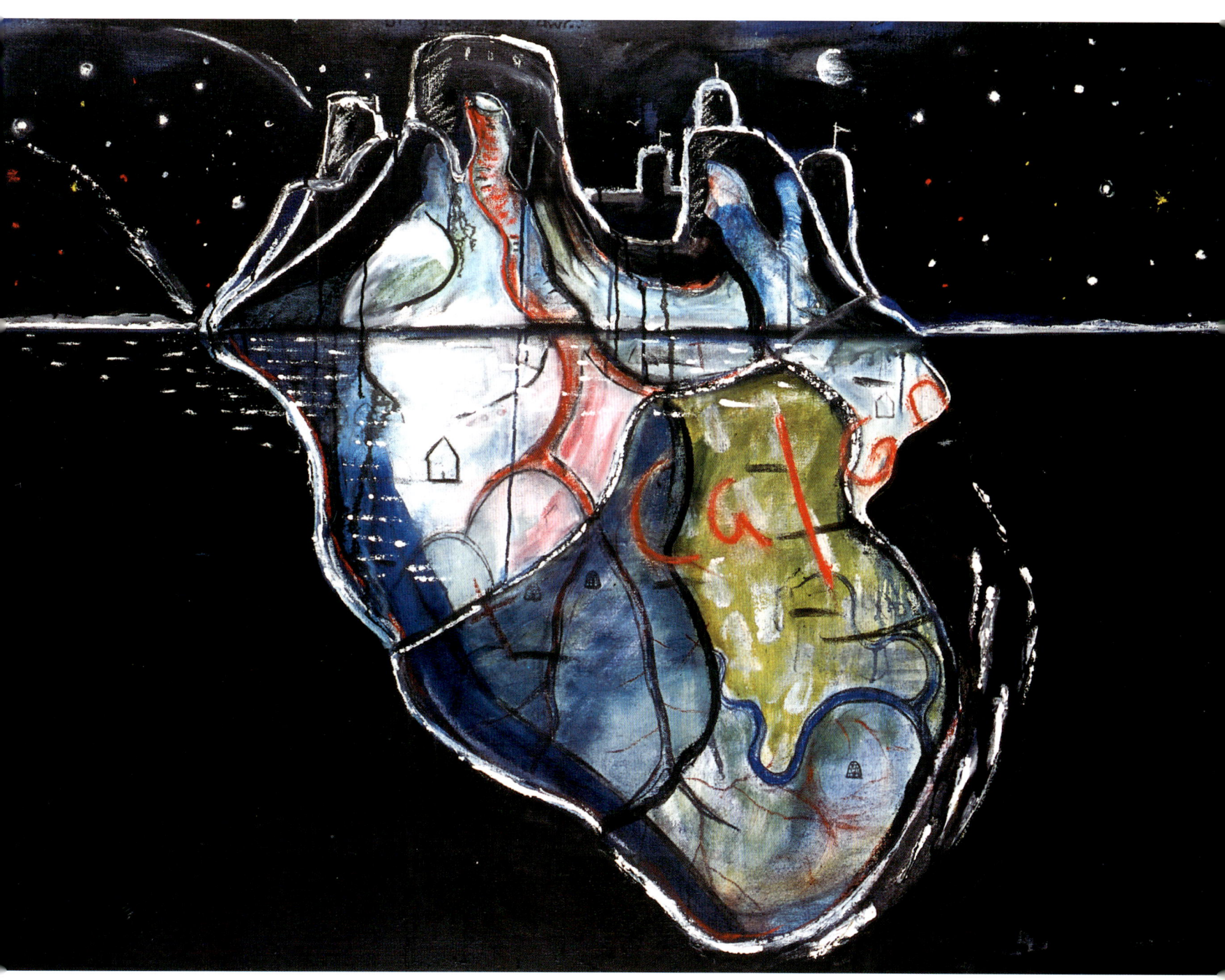

Calon/El Corazon
cyfrwng cymysg ar gynfas *90x122cm* 2003

Yr Arglwydd Cwsg
olew ar gynfas *92x122cm* 2007

Mae pob llun newydd yn datgelu ei gyndeidiau ac, wrth weld gweithiau o gyfnod hir gyda'i gilydd, fel yn y llyfr hwn, daw hyn yn fwy amlwg. Felly mae cysylltiad llawer cryfach nag y tybiais yn rhedeg trwy bopeth. Mae hyn yn wir nid yn unig am yr arddull (y llawysgrifen, fel petai) ond hefyd yn y themâu. Mae'n ymylu ar obsesiwn bron iawn. Dywedodd rhywun mai ffurf ar salwch meddwl yw bod yn artist....

Hir-aeth
cyfrwng cymysg
ar bapur Khadi
75x55cm 2005

Gwales (Ararat) (darlun gan Iwan Bala)

John Meirion Morris

Yn sicr, nid celfyddyd gonfensiynol, sentimental, saff a pharchus yw celfyddyd Iwan Bala. Nid yw'n pwysleisio crefft fel crefft ychwaith. Caf mai adweithiau a gweledigaethau symbolaidd ydynt, sy'n adlewyrchu deuoliaeth a chymlethdod bywyd heddiw, ein gobeithion a'n hofnau o fod yn byw yng Nghymru ac yn y byd sydd ohoni – byd ansicr, aflonydd a dinistriol ar un olwg, byd a allai ac a ddylai fod yn un rhyfeddol i berson gyda gweledigaeth ac ymwybyddiaeth o draddodiad gwâr. Ond, mae sawl dehongliad posibl i waith Iwan.

Caf mai un o'i ddarluniau mwyaf gwreiddiol ac arbennig yw GWALES (Ararat). Credaf mai cryfder y ddelwedd arbennig hon gan Iwan Bala yw y gellir ei dehongli mewn sawl ffordd ac ar sawl lefel – ar lefel bersonol, megis deuoliaeth yr ofn a'r profiad rhyfeddol o esgor baban i oes ansicr, oes sy'n llawn deuoliaeth. Gwelir sawl deuoliaeth o bobtu'r fam feichiog yn y darlun hwn, megis cymylau duon a goleuni'r haul, y ddwy awyren sy'n esgyn i fyny i gyfeiriadau hollol wahanol i'w gilydd, a'r dŵr sydd o amgylch y fam sy'n llawn o linellau tonnog disgynnol a dyrchafol. Mae'r cyfan yn ymddangos yn ffrwydrol ac aflonydd.

Dehongliad arall yw gweld delwedd o'r fam fel symbol o Gymru, fel ynys, sy'n cael ei chaethiwo a'i boddi, sef bygythiadau i'n hiaith, i'n diwylliant ac i'n bodolaeth! Yr yn pryd, gellir dehongli'r fam fel mam ddaear y byd hwn sydd dan fygythiad, yn ecolegol, yn ddiwylliannol a chymdeithasol heddiw. Ni raid ond meddwl am enghreifftiau amlwg megis y fath wres y flwyddyn hon, y fath sychder gydag anialwch y Sahara yn mynd yn fwy ac yn fwy, a chyda lefel y mor yn codi a chodi.

Ond yr hyn sy'n ymddangos yn allweddol ac arwyddocaol i mi, o edrych ar gyfanwaith GWALES (Ararat), yw beichiogrwydd y fam, yr ysgol fertigol yn y canol sy'n arwain allan o'r groth, ynghyd â phresenoldeb pen sy'n driphen, fel uchafbwynt oesol, dyrchafol a llonydd, i fyny yng nghanol y nen, ac yng nghanol y darlun, uwchlaw'r deuoliaethau allanol a welir yn y llun. Dyma i mi weledigaeth all bontio deuoliaeth bywyd – gweledigaeth sydd uwchlaw'r meddwl aflonydd. Dyma weledigaeth sy'n brin yn y byd sydd ohoni heddiw. Hwyrach fy mod yn darllen gormod i mewn i'r darlun llinellog, syml, hwn. Ond dyna yw fy nehongliad a dyna yw mawredd y darlun i mi.

Gwales (Ararat)
cyfrwng cymysg ar gynfas *153x122cm 1997*

Aberhenfelen

Iwan Llwyd

Aberhenfelen
[*i Iwan Bala*]

Mae hi allan acw,
Glan na fynnwn ei gweld,
Yn cronni gan lanw ein cur a'n hatgofion:

Ninnau yng Ngwales
Ar arch ein pleserau,
Teras tai ein cymdogaeth

Yn rhannu gwledd, rhannu gŵyl,
Rhannu eiliad ddiddiwedd
o ryddid ffug:

ar anterth y pleser,
wrth ddod,
mae'r drws yn agor

a'r dyfroedd yn torri
yn donnau o gof, o gariad,
a chwys a chwerwedd

pob genedigaeth a fu erioed
yn ein golchi tua'r aber,
tua'r dŵr croyw.

Mariona'r Ynys

Mererid Hopwood

Lle mae dy galon, Mariona?

Yn y môr unig.

Ar ryw ynys, Mariona?

Yn offrwm hardd
mewn ffrâm hallt
ar allor hen atgofion.

Lle mae dy galon, Mariona?

Ar ddarn o dir
yn rhywle'n y môr
heb angor
nac efengyl sanctaidd mwy,
dim ond gwraidd,
a geiriau iaith.
Tameidiau o eiriau fel hiraeth o hyd.

Lle mae dy galon, Mariona,
santes y fynwes faeth,
mama ein gwalia gaeth?

Mae yma,
am nad yw hon
yn ddim ond ynys.

Am mai hi yw'r enaid,
a'r hanes,
a hi'r gwir i gyd.

Beth wna dy galon, Mariona?

Ni chei amau dy ddychymyg –
Ti wyddost;
Deil yma'n ceisio ailddyfeisio'r chwedl fud
o hyd ac o hyd –
am mai'r ynys
yw Mariona
a hi yw'n byd.

Santes Mariona
cydosodiad cyfrwng cymysg
225x130x140cm 1999/2006

Arcadia (manylyn)
olew ar gynfas *150x200cm* 2007

Castell Dinefwr
cyfrwng cymysg ar gynfas *92x122cm* 2006

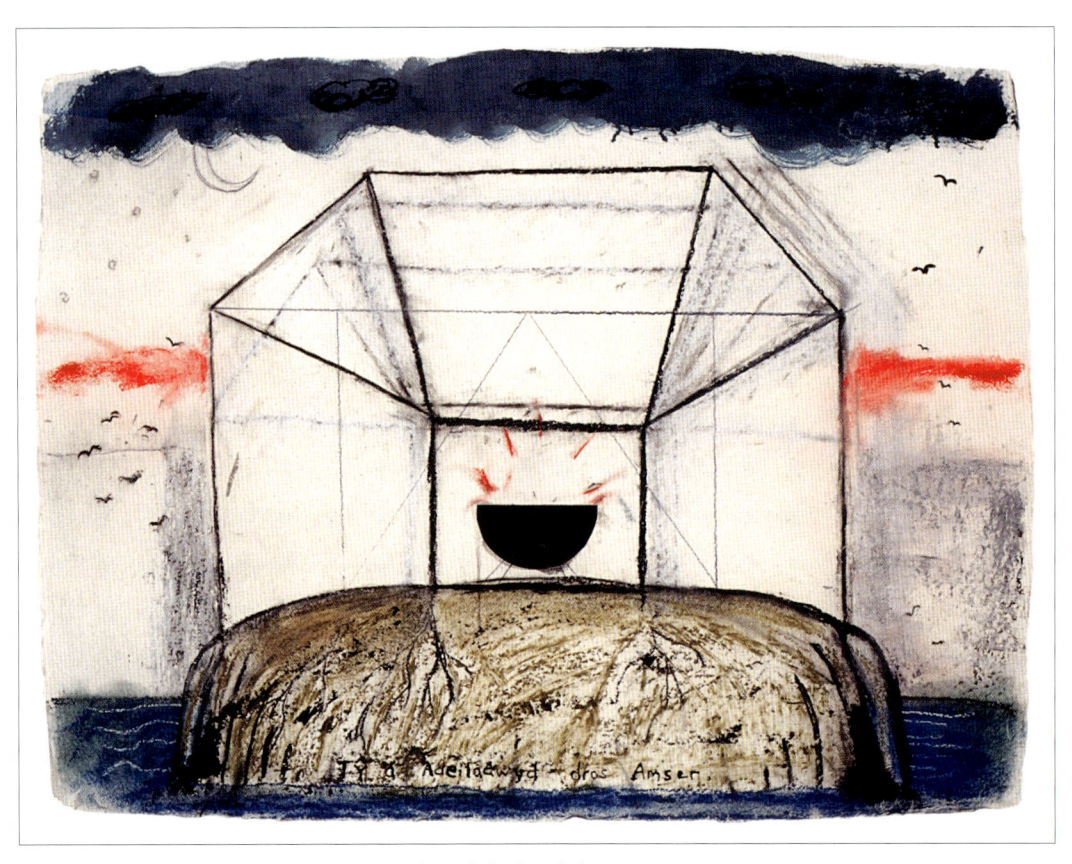

Tŷ a adeiladwyd dros amser
cyfrwng cymysg ar bapur Khadi *55x75cm* 2004

Chwedl Ynys Gwales
cyfrwng cymysg ar bapur Khadi *55x75cm* 2004

Yr Ynysig
cyfrwng cymysg ar gynfas ar fwrdd *38x50cm* 1988

Y Pen
cyfrwng cymysg ar bapur Khadi *55x75cm* 2004

Jeni, Jemima a'r Diafol yn Salem
cyfrwng cymysg ar bapur Khadi
75x75cm 2006

Mae elfen o gartŵn yn llawer o'm gwaith. Mae gennyf hoffter o'r ffordd mae hen gartŵnau yn gweithio, efo'r geiriau wedi eu crafu yn amrwd ar yr wyneb rhywsut. Cofiaf mai'r wobr gyntaf a gefais am gelf oedd yn yr Eisteddfod Ryng-golegol, ac am gyfres o gartŵnau dychanol yr oedd hynny, pan oeddwn yn astudio yn

Walia Dominatrix
cyfrwng cymysg ar bapur Khadi *55x75cm* 2005

Aberystwyth a chyn mynd ar gwrs celf. Cofiaf hefyd Jonah Jones ar ryw achlysur yn fy nghynghori i ddefnyddio ysgrifen mwy cywrain yn fy lluniau. Ond i mi, mae'r elfen amrwd, uniongyrchol, yn cyfleu pwysicrwydd y 'neges', heb or-flodeuo'r 'cyfrwng'. Ac mae cartŵn yn dweud ei stori heb lol.

Clwy
inc ar bapur
13x20cm 2001

Chwipio Ceffyl Marw?
inc ar banel
18x27cm 2001

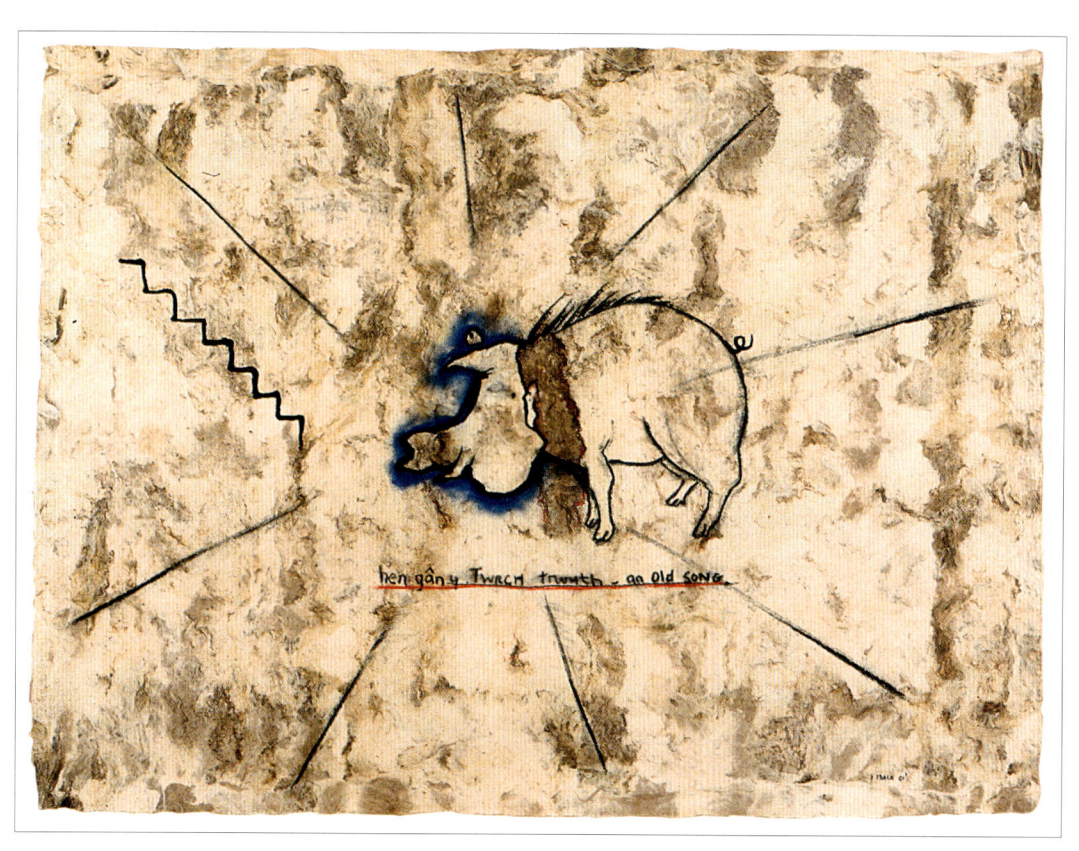

Hen Gân
pastel ac inc India ar bapur Amate
35x50cm 2001

Cysgodion hen dduwiau...

Hon

The past never goes away… It's a bit of a mystery really. What are we doing, all the time, except building more of it?
The Shop **Emyr Humphreys**

Dyw'r gorffennol byth yn ein gadael… mae'n ddirgelwch braidd. Beth ydyn ni'n ei wneud drwy'r amser, ond adeiladu mwy ohono.
The Shop **Emyr Humphreys**

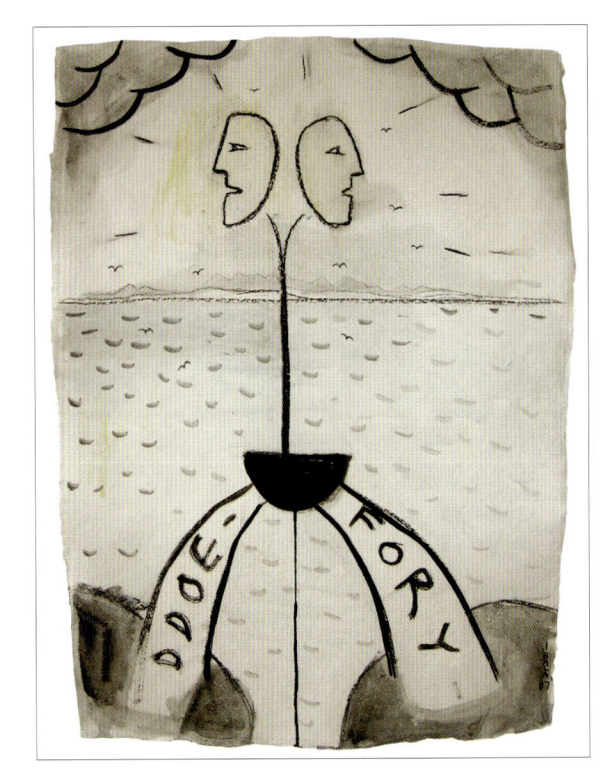

Ianws/Pont
cyfrwng cymysg ar bapur Khadi
75x55cm 2007

'Yng nghysgod hen dduwiau' oedd
teitl y gweithiau a enillodd i mi'r Fedal Aur yn Eisteddfod y Bala yn 1997. Cysgodion Ianws oedd yn y gweithiau hynny, ac mae'r duw dauwynebog hwnnw'n parhau i daflu ei gysgod. Yna daeth y Santes: 'Mariona'r Ynys' (gweler tudalen 22), sy'n gyfuniad o'r

Cario cewri gweigion (los Gigantes)
inc India ar bapur *17x13cm* 2007

Fari Lwyd, Dwynwen a'r Forwyn Fair efallai. Yn fwy diweddar ymddangosodd hen dduw y goedwig, duw natur a ffrwythlondeb, Cernunnos, yn y gwaith (gweler tudalen 38). Mae'r bwriad tu ôl i hyn yn

IanWs

Ddoe a fu
cyfrwng cymysg ar bapur Khadi
75x55cm 2004-07

yr is-ymwybod i raddau, yn yr un modd â'r ynys, ond mae'n siŵr bod dwyn i gof hen bethau o niwl chwedloniaeth, a'u hailddyfeisio mewn rhyw ffordd i ateb pwrpas newydd yn ein dyddiau ni, yn rhywbeth eitha gwerthfawr.

Nid Celt
cyfrwng cymysg ar bapur Khadi
75x55cm 2007

Mae diwylliant yn esblygu dros amser, ond rhaid i ni beidio ag anghofio ein gwreiddiau yn y broses. Mae hefyd yn bwysig ein bod yn adolygu'r 'gwreiddiau' hynny weithiau. Mae hanes, fel celf, yn cael ei greu o'r dychymyg.

Cernunnos

Cernunnos Anghofiedig
cyd-osodiad cyfryngau cymysg
(gwahannol agweddau ac ymddangosiadau) *160x70x35cm* 2006-2007

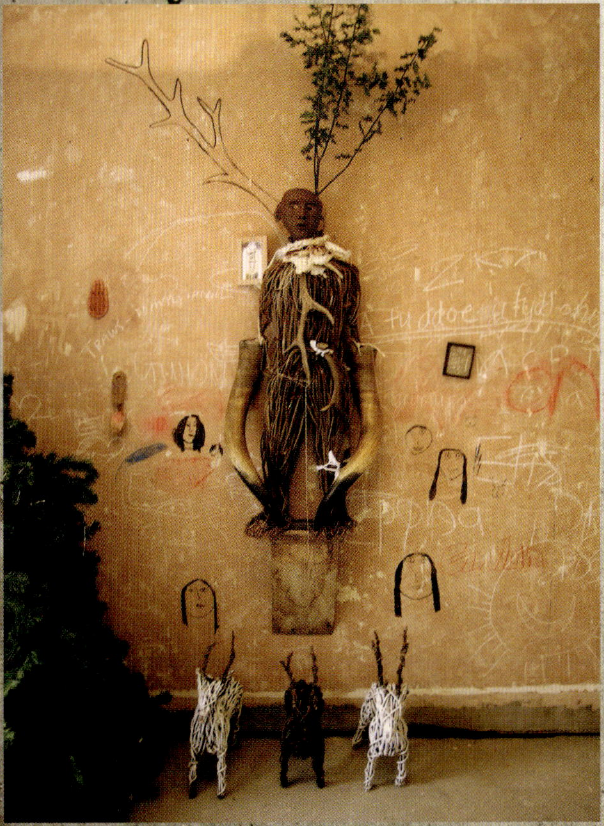

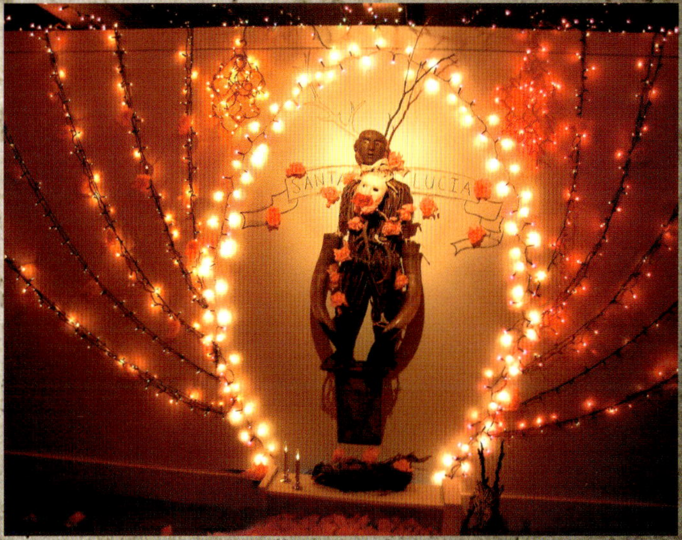
SANTA LUCIA

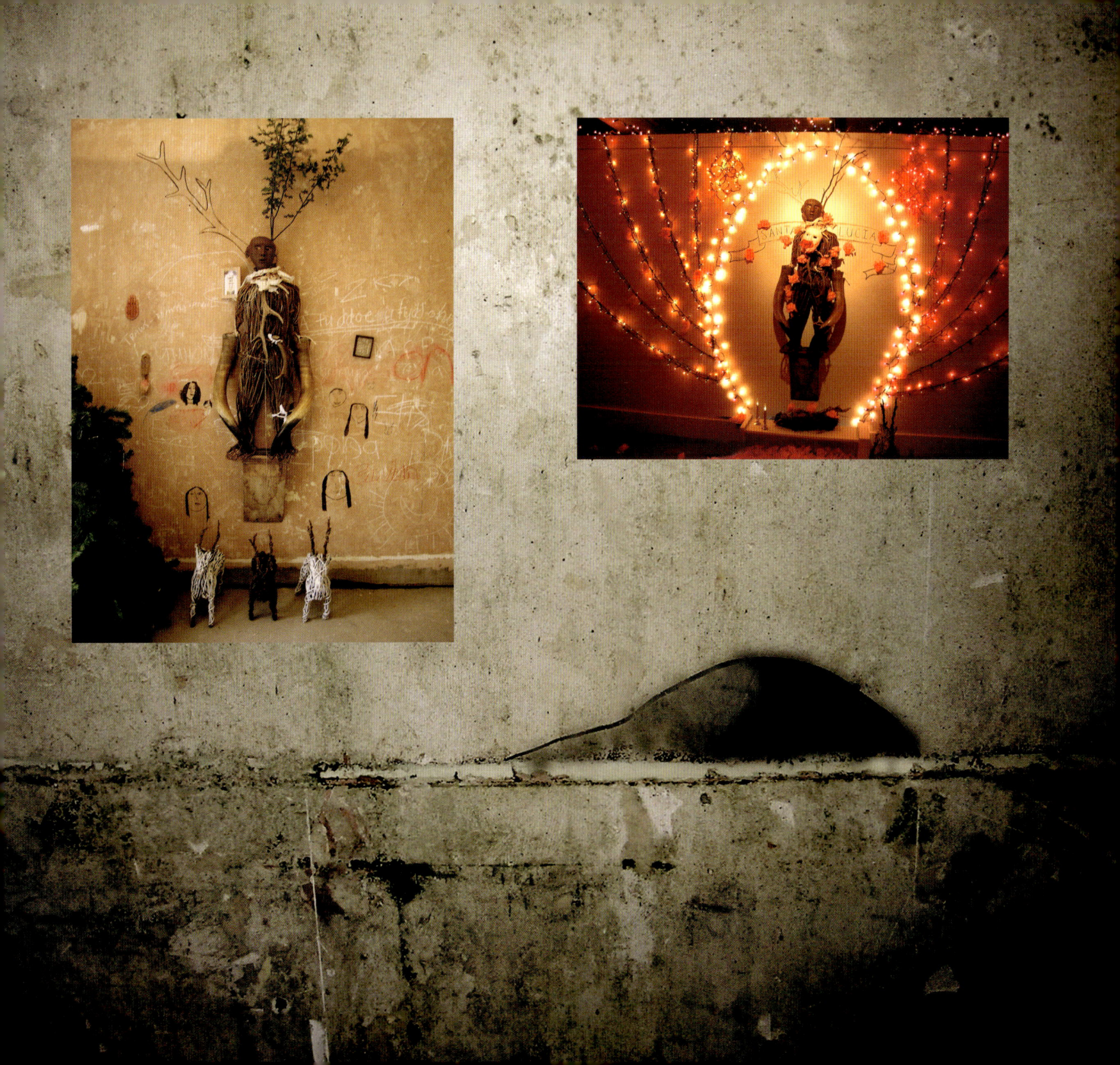

Wythnos yng Ngwales (Cerddi ac atgofion)

Iwan Llwyd

Mewn Tafarn
olew ar gynfas *61x50cm* 1986

Mae 'na ryw ddigwyddiadau a phrofiadau sy'n gadael ôl barhaol ar gymeriad rhywun. Y car cyntaf. Y cariad cyntaf. Boddi Tryweryn. Saethu John Lennon. Yn fwy na dim yn ddiweddar, disgyniad y ddau dŵr yn Efrog Newydd ym Medi 2001. Roedd y peth i gyd yn fyw ar y teledu (gyfaill). Roedd o'n digwydd ar anterth y rhuthr i'r gwaith yn un o ganolfannau ariannol a masnachol mwyaf pwerus y byd. Roedd y camerâu yn gwylio, fel maen nhw'n ein gwylio ni i gyd erbyn hyn. Fe welwyd yr awyrennau'n hedfan yn isel dros strydoedd Efrog Newydd. Fe welwyd y gyntaf yn cyrraedd. Damwain mae'n rhaid. Yna allan o'r haul fe welwyd aderyn hardd arall yn disgyn. Yn anelu. Yr haul cynnar yn tanbeidio ar ei adennydd. Ar wyneb y rhai a ffilmwyd yn gwylio islaw roedd 'na ryw resymeg newydd yn ymagor. Nid damwain oedd y cyfan. Nid rhyw ffawd erchyll sy'n digwydd yn aml pan fo cannoedd o awyrennau'n codi a disgyn yn ddyddiol o rwydwaith cymhleth meysydd awyr JFK a Newark. Roedd 'na rhywun o ddifri. Ac yn ystod yr oriau arswydus wedyn, fe ddeallodd y byd i gyd bod rhywun am herio monopli gyfalafol America ar y greadigaeth.

Roeddwn i ar y pryd yn cyfarfod ffrind yn un o fariau stiwdantaidd Bangor Uchaf. Fel ym mhob bar stiwdants roedd 'na fideos cerddorol yn fflicran ar y sgrîn. Roedd hi'n amser cinio. Roedd Mam yn gwarchod fy merch fach, Rhiannon, oedd yn ddwy oed ar y pryd. Fe ddechreuodd y sgwrs. Ordro bwyd. Yna yn sydyn fe newidiodd y lluniau ar y sgrinau fideo. Nid genod yn dawnsio yn New Orleans, na boybands yn Nulyn. Yn sydyn roedd 'na bobl yn rhedeg am eu bywydau. Llwch yn codi fel

Yn Efrog Newydd yn 2002 cefais y pleser o gwmni Twm Morys ac Iwan Llwyd. Am y tro cyntaf ers rhai blynyddoedd teimlas fy mod yng nghwmni'r hen lwyth. Wrth i'r tri ohonom fwydro am Ynys Gwales mewn seiat estynedig ar ynys go iawn Manhattan – ble agorwyd y drws mewn ffordd erchyll iawn rai misoedd ynghynt – y daeth y syniad am y gyfrol hon.

Hiroshima. Seirenau a sgrechiadau. Pobl yn cario a llusgo ei gilydd. A hyn i gyd yn fyw ar y teledu. Wna i fyth anghofio sefyll ar fy nhraed a mwmian – 'mae hyn go iawn'. Tra bod gweddill y dafarn yn dal i gredu mai rhan o ffantasi bywyd bob dydd oedd y lluniau ar y sgrinau, fe heglais i hi'n ôl adre lle'r oedd Mam yn gwarchod fy merch fach i.

Ar Sgrîn

Doedd y gerddoriaeth
ar y sgrîn fawr ddim
yn dda iawn –

rhyw hip hop myfyrwyr,
gangsta rap cyffyrddus
plant bach gwynion Bangor,

nes i'r llwch godi,
ac i'r meirwon byw
hedfan o'r ffenestri:

ar ei draed –
y meddwyn â'r llygaid llafar:
'mae hyn yn wir!'

a'r wynebau bach cyffyrddus
yn dal i wylio fideo,
i wenu ar y sgrîn

lle'r oedd angau'n fyw,
a gweddill ein hoes
yn cael ei ddadorchuddio.

ixxi (Castell)
cyfrwng cymysg ar bapur *120x90cm* 2002

Ysbrydion yr ynys
cyfrwng cymysg ar bapur Khadi
75x55cm 2003

Y peth gwaethaf am y digwyddiad oedd nad oedd neb yn gwybod pwy oedd wedi achosi'r llanast. Pa wlad fyddai mor bowld ag ymosod ar wladwriaeth mwyaf pwerus y byd? Ar y pryd roeddwn i'n meddwl y byddai America Bush bach yn ymateb yn y ffordd waethaf posibl. Y bydden nhw'n bomio pa bynnag wlad oedd yn gyfrifol am y fath gyflafan. Yn union fel Pearl Harbor. Ond doedd dim gwlad yn gyfrifol. Roedd 'na bobl yn gyfrifol oedd am weld yr Unol Daleithiau yn cilio o'r Dwyrain Canol ac yn rhoi'r gorau i reoli llif yr olew oddi yno. Fe fu dial wrth gwrs, ac mae'r dial hwnnw ar wareiddiad Islam a phobl y Dwyrain Canol yn parhau hyd heddiw, a miloedd yn fwy wedi eu lladd erbyn hyn nag a laddwyd yng nghyflafan y ddau dŵr.

Ond efallai mai yr effaith fwyaf a gafodd trychineb Medi'r 11eg oedd ar enaid a chymeriad pobl America eu hunain, a phobl Efrog Newydd yn arbennig. Am ryw wythnos yn ystod haf poeth 2002 bûm mor ffodus â chael cwmni Iwan Bala yn Greenwich Village yn Efrog Newydd. Roedd y ddau ohonom, ynghyd ag eraill fel Twm Morys, Peredur Lynch, John Barnie a Nigel Jenkins, wedi bod yn cymryd rhan mewn gŵyl ar themáu Cymreig yn ninas Syracuse yng ngogledd y dalaith. Cyn dychwelyd adref cawsom gyfle i dreulio ychydig amser yn profi rhyfeddodau yr 'Afal Mawr'.

Roeddwn i wedi bod yn Efrog Newydd sawl tro o'r blaen wrth gwrs, ac wedi sgrifennu cerddi am y profiad. Y troeon hynny roedd lleisiau mor amrywiol â Dylan Thomas, Andy Warhol, Bob Dylan ac Allen Ginsberg yn adleisio ar hyd y strydoedd llydan, a does nunlle yn y ddinas fawr lle mae'r adleisiau hynny'n fwy llafar nac yn Greenwich Village. Dyma galon gyffrous gweithgareddau'r beirdd bît a'r cantorion gwerin a jazz yn y 1950au a'r 1960au cynnar, chwyldro o gerddi a chaneuon ac o ryddfrydiaeth cymdeithasol a gwleidyddol sy'n dal i wneud Efrog Newydd yn wahanol a, phan es i yno gyntaf, yn fwy croesawgar, Ewropeaidd rhywsut, na gweddill dinasoedd America. Ond ar Fedi'r 11eg, agorwyd y drws. Roedd y byd mawr cas tu allan wedi tarfu ar ynys fawr fodlon America. Boddwyd alawon peraidd adar Rhiannon gan dwrw'r tyrau'n disgyn.

Hanfod yr hanes yn ail gainc y Mabinogi, sef chwedl Branwen, yw fod y saith a ddaeth adre'n fyw o gyflafan y brwydro yn Iwerddon, yn cynnwys Pryderi a Manawydan, wedi cael eu diddanu yn Harlech ac wedyn yng Ngwales am flynyddoedd maith gan ben Brân a'i straeon difyr a chan adar Rhiannon, nes iddyn nhw anghofio tristwch a cholled y blynyddoedd enbyd hynny o ryfel a lladd. Am ryw hyd doedd dim rhaid iddyn nhw ddioddef yr hyn a elwir erbyn hyn yn *post-traumatic stress disorder*. Roedd 'na ryw elfen o hynny yn Efrog Newydd cyn yr unfed ar ddeg o Fedi, 2001.

Bron i ddwy flynedd yn union cyn yr ymweliad yn 2002, fe fues yn Efrog Newydd gyda'r bardd John Barnie a'r llenor Cymreig-Americanaidd, Dr David Lloyd. Roedden ni yno ar derfyn taith hyfryd o amgylch rhai o golegau a chanolfannau Cymreig y gogledd-ddwyrain. Roedd hi'n ddydd Sul, ac fe lwyddodd David i drefnu cyfle i ni ddarllen ychydig o'n gwaith mewn tafarn o'r enw'r Orange Bear Bar yn Downtown. Roedd yna sesiwn 'meic agored' yno bob pnawn Sul, yn cael ei drefnu gan gyn-filwr a fu'n ymladd yn Fietnam ac a anafwyd yn y gyflafan honno. Roedd pob math o feirdd a chantorion yn cymryd rhan yn y sesiwn, ac fe gafodd y lleisiau Cymraeg a Chymreig dderbyniad ac ymateb brwd. Ac fe gafwyd cryn sgwrsio wedyn am yr iaith a'r diwylliant Cymraeg, ac am Fietnam. A doedd neb yn yr Orange Bear Bar am weld Fietnam arall. Arweiniodd y profiad hwnnw at lunio'r gerdd ganlynol:

Bore Sul yn Efrog Newydd

Mae'n Basg yma,
a bysedd yr eglwysi sy'n estyn at Dduw ei hun
wedi'u dal yng nghrafangau
cofgolofnau gorchest dyn:

o ynys Staten
mae Manhattan fel seintwar ganoloesol yn codi o'r tarth;
yn groesau lliw'r grisial,
yn rëal yn pefrio drwy fwg yr arogldarth:

ac yn ein gwadd yno,
yn ei marmor modrwyog, yn uchel ei fflam,
offeiriades rhyddid
yn ein croesawu'n ein gwendid i benlinio'n gam

gerbron ffenestri'r siopau,
a'r wyau rhubanog sy'n gorlenwi'r nyth,
a'r genod sy'n gweini
yn gwrtais a heini ar eu sodlau tal, syth;

wrth i'r wawr dorri'n ara'
dros gyfnewidfa fwya'r byd,
mae'r tywyllwch fel eira'n
cuddio cynnwrf cynnar y stryd;

lox a bagels a Broadway
a rhythm sacsoffôn a gwin Saumur
yw atgo' dau hwyr yn cerdded adre
dan eu hetie-dal-dŵr,

o dafarn y Ceffyl Gwyn
a'u gweddïau yn rhywle gwell
rhwng Church a Murray,
rhwng goleuadau Brooklyn a'r pinaclau pell.

Ymgom y ddau Iwan mewn pabell boeth
Eisteddfod Maldwyn 2003

Roedd y cyfnod yn Efrog Newydd yn debyg i gyfnod yn Gwales: lot o siarad, creu straeon, a bodoli mewn byd ar wahân; ond hefyd rhoi ysbrydoliaeth i greu o'r newydd.

Roeddwn i'n awyddus i alw heibio'r lle eto yn ystod ymweliad 2002, ond doedd gen i ddim syniad sut i gael hyd iddo. Mae Downtown Efrog Newydd yn le mawr. Roeddwn i hefyd, wrth gwrs, fel miloedd o rai eraill, am gael golwg ar y 'twll' fel yr oedden nhw'n galw safle'r ddau dŵr. Felly ar fore crasboeth o Fehefin dyma gychwyn i lawr yr Avenue

Mae Manhattan yn llawn dieithriaid. Neb yn gwybod lot mwy na neb arall, newydd-ddyfodiaid oll. Bu Twm, Iwan a finne yno ar ôl deffroad mawr 09/11, deffroad i'r ffaith fod eu cred hwy am y byd tu allan, a'n un ninnau hefyd, yn un ffals. Y gred oedd bod y Farchnad wedi trechu popeth, wedi arwain at 'ddiwedd hanes'. Profwyd mai cred ddi-sail oedd hon. Yn ddisymwth ac o nunlle, daeth grym terfysgol newydd i'r fei gan lorio symboliaeth y Farchnad fydeang mewn chwinciad. Cafwyd deffroad sydyn o ddealtwriaeth nad oedd y byd tu allan i'r UDA yr hyn y dychmygwyd iddo fod. Nid gelyn o'r canol oesoedd sydd yma chwaith, fel roedd modd i gredu, ond gelyn ôl-fodern. Gelyn sy'n arddel ei wirionedd ei hun, yn rhydd o ideoleg unrhyw un wladwriaeth, yn gwibio o le i le yn gorfforol ac ar rwydwaith y we, yn cael ei ariannu'n rhyngwladol. Yn rhydd o rwystredigaeth, na dial de Americas, trwy Tribeca ac i gyfeiriad Wall Street. Roedd y chwys yn tywallt o bob congol. Ac er, ar fap, bod Manhattan yn ymddangos yn ynys gymharol fechan, mae ei cherdded hi yn blino rhywun, yn arbennig yn y gwres llethol y diwrnod hwnnw.

O'r diwedd dyma gyrraedd cyffiniau y twll. Roedd 'na ffensys uchel yn cadw pobl draw, a'r gweddillion dur llosgedig fel rhyw gerflun ôl-fodern yng nghanol y safle. Ar hyd y ffensys roedd pobl wedi taenu lluniau o'u cariadon a'u perthnasau a'u teuluoedd colledig. Ac yma ac acw roedd hi'n amlwg bod 'na barau a chylchoedd ac unigolion wedi dod i dalu teyrnged i'r colledigion hynny. Roedd 'na elfen o bererindod ganoloesol i'r olygfa, a rhyw dawelwch rhyfedd na fyddai byth yma pan oedd y ddau dŵr ar eu hanterth.

Roeddwn i erbyn hyn yn tagu gan syched. Roedd y chwys yn dal i bowlio o bob cilfach a finna'n methu cael hyd i ddŵr. Yna dyma ddod ar draws stondin ar gornel y stryd a llowcio dwy botelaid. Wrth i mi sefyll yno'n dadebru, dyma daro llygad ar draws y stryd a gweld arwydd yr Orange Bear Bar ar gornel y stryd gyferbyn. O fewn ychydig lathenni i'r 'twll' ei hun. Ond roedd yr hen gyrchfan wedi goroesi. Ar ôl llyncu'r ail botel o ddŵr roedd yn rhaid i mi fynd draw ac ail-ymweld â'r hen fangre.

Pan gerddais i i mewn, ychydig cyn hanner dydd, doedd dim creadur yno ond y fi, a'r ferch tu ôl i'r bar. Doedd y lle ddim wedi newid o gwbl. Yr un hen bosteri ar y waliau. Yr un llwyfan tywyll ar un pen, a'r bar hir Americanaidd yn disgwyl i rywun sglefrio potel ar ei hyd. Fe ofynais i am botel o gwrw a daeth y ferch fronnog, luniaidd ag un draw yn syth, a'i thywallt i wydr iasoer. 'Eleni' meddai. Ond 'doedd hi ddim yn cyfeirio at y flwyddyn. Roedd hi o dras Groegaidd a dyna'i henw. Mor awgrymog â'r tipyn o wisg oedd amdani. Ond roedd hi'n boeth.

Castell + Gwn
cyfrwng cymysg ar bapur *90x120cm* 2002

hawdd, gan nad oes ganddo gartref i'w fomio. Gelyn sydd, fel y *multinationals*, yn rhan o fyd newydd sbon, er bod eu cred grefyddol yn un mor hen â dynol ryw, ac yr un mor dwp.

Mae ffantasïau o un math neu'i gilydd wedi cadw'r rhod i droi erioed; crefydd, imperialaeth, comiwnyddiaeth, cyfalafiaeth, cenedlaetholdeb, athroniaeth, gwyddoniaeth. Ai ar Ynys Gwales mae'r ffantasïau tybed, ynteu ar y Tir Mawr?

Eleni

Mae'n gwisgo'i bronnau gorau,
mae'i thin i gyd yn dynn,
ac mae hi'n hen gyfarwydd
ag enwau'r hogiau hyn:

mae Carl yn dad i driawd,
mae gwraig Fransisco'n hardd,
mae'r hen ŵr ym mhen pella'r bar
yn taeru 'i fod o'n fardd:

mae Bruce a Steve yn gariadon,
erbyn hyn mae hynny ar goedd,
does dim byd bellach fel y mae
na dim byd fel yr oedd:

maen nhw i gyd yn nabod Eleni,
ac mae hi'n eu nabod nhw,
yn plygu i godi potel wag
a dangos ei thatŵ;

cyn tywallt coctél gwyrddlas
i wydrau'r hogiau i gyd,
a syllu i fyw eu llygaid
wrth eu hel yn ôl i'r stryd.

Yna, fesul un, fesul dau, dyma nhw i mewn. Pob un â het galed felen. Yn raddol roedden nhw'n eistedd a phwyso ar y bar nes bod y lle o fewn rhyw ddeg munud yn llawn o'u sgwrs a'u twrw. Y nhw oedd yn gweithio yn y twll. Yn clirio'r rwbel. Yn gwastatàu'r safle. Yn dod o hyd i'r gweddillion. Yn cau'r twll. Fe godais i sgwrs ag un. Gwirfoddolwyr oedden nhw i gyd. Fe fuon nhw yno pan godwyd y ddau dŵr yn ôl yn y saithdegau. Dau dŵr ucha'r byd ar y pryd. Pinacl pensaerniaeth. Ac roedden nhw'n nabod y tyrau, pob twll a chornel, pob trawst a phob bollt. A dyma nhw'n ôl, yn beirianwyr a phenseiri, trydanwyr a labrwyr er mwyn clirio gweddillion yr hyn a godwyd ganddyn nhw.

Yna dyma Eleni yn dod â gwydriad o rhyw hylif glas i bob un am ddim. A phob un yn ei dro yn ei glecio yn ddiseremoni. Ches i, y tŵrist, ddim cynnig. Fe fentrais i holi mwy ar yr un wrth fy ysgwydd. Beth oedd yn digwydd yn y twll erbyn hyn? Dim medda fo, dim ond ychydig o rhyw waith 'transit', 'na'i gyd. Ond sut 'dach chi'n teimlo wrth weithio yno, gofynnais i eto. 'We're all fucked up', dyna'i ateb. 'We're all fucked up'. Yna wrth i'r awr ginio ddod i ben, dyma nhw i gyd yn codi eu hetiau caled ac yn ffarwelio fesul un ag Eleni a chamu'n ôl allan i'r gwres. Dyma'r ddwy gerdd a ddaeth i mi yn sgîl y profiad.

Stâd y chwarae
cyfrwng cymysg ar bapur *90x120cm* 2001-02

In transit
[i Iwan Bala]

(*'Nothing's going on,
just a little transit work, that's all.'*)

Byddin o dorrwyr beddau
'n dod, fesul un a dau,
i ogle'r Orange Bear Bar,
a chroeso'r cinio cynnar:
dod o'r gwres i gynhesu
a sôn am y pethau sy'
'n aros, eiliadau gwirion,
yn rhywle o hyd lawr y lôn:

Hawdd yw credu bod creu celfyddyd o unrhyw fath, creu o unrhyw fath, boed farddoniaeth, gerddoriaeth neu ddarlunio, yn broses sy'n gosod yr artist ar Ynys Gwales y meddwl. Mae stori dda sydd yn llonni'r galon a diddori'r meddwl yn difyrru'r cwmni, yn ein cadw'n hapus tra byddom ar yr ynys. Mae ysbaid yng Ngwales yn angenrheidiol, fel y tân ar yr aelwyd i gadw'r oerni a'r tywyllwch draw. Does dim gwin na chwrw, na gwledd na chyfoeth all gadw'r oriau duon draw yn well na chwmni o storïwyr yn ymgynull, yn llawn dyfalu, dychmygu a sgwrsio.

fe fuon nhw, aeafau'n ôl,
â'u hafiaith gyfalafol,
yn adeiladu'n union
risie'r sêr o'r ddinas hon,
a'u gorchest yn ymestyn
yn weddi aur at Dduw ei hun:
rhyfyg yn herio crefydd,
adar ewn y farchnad rydd:

daeth adar o le arall,
o fôr y de ar fore dall,
a fflam wen eu hadennydd
yn ffrwydriad ar doriad dydd;
ffenestri'n hollti'n yr haul,
malurio'r temlau araul;
dau ddelw'n lludw, a llwch
dial yn llenwi'r düwch:

mae'r llwch yn nhymer y lle,
a'i ogle'n cleisio'r gwagle:
ar ôl hwrlibwrli'r bar,
y golau 'nghorneli galar,
â'r gŵr yn ôl tua'r gwaith,
yn ôl at y twll eilwaith,
yn ôl, dan eu hetiau caled,
i gloddio a choncrîtio Cred.

Aberystwyth
Awst 2002

Torrwyr Beddi

Ac fe ddaethon nhw i mewn o'r gwres
oedd yn staen ar eu crysau-T
a'u penglogau:

i mewn i'r Orange Bear Bar,
rhoi eu hetiau caled ar y bar a thorchi llawes:
roedd yna job wahanol o'u blaen rŵan –

torri gair efo Eleni,
edrych ar ei hwyneb
tra bod ei bronnau'n gwahodd:

fe fuon nhw yma o'r blaen,
ddegawdau yn ôl,
yn fyddin o adeiladwyr ar frig y saithdegau;

mae eu gwalltiau wedi britho heddiw,
gwragedd yn disgwyl amdanyn nhw,
plant yn graddio:

mae'r tatŵ wedi pylu,
eu llygaid yn llawn hanesion,
a chynlluniau ddoe,

ond eto yma y daethon nhw,
i siarad yn uchel

Castell yn y Pen
cyfrwng cymysg ar bapur *90x120cm* 2002

Pan fydd popeth wedi pylu a bywyd yn boen, mae stori dda – un drist fel arfer – yn adfywio'r synhwyrau sy'n llechu yn nghyrion

> a chlecio gwydrau glas,
>
> i rannu uffern efo Eleni,
> hel atgofion am rai yr oedden nhw hefyd
> wedi eu nabod wrth daro heibio,
>
> ac wrth rannu'r atgofion hynny
> roedd Eleni'n derbyn eu prês,
> yn gyfnewid am wên,
>
> yn gostus ei chusan,
> cyn iddyn nhw ddychwelyd
> i daenu concrid dros fedd agored.

y pen yn well na dim. Yn yr un modd, does dim byd tebyg i'r cynnwrf (adrenalin ac endorphins efallai?) a geir wrth feddwl am syniad newydd: dyna yw pleser creu darn o gelf, heb wybod o funud i funud beth ddaw nesa, a yw ar ymyl dinistr ynteu eureka, llanast ynteu lwyddiant. Gwirionedd mwyaf y chwedl yw'r ddealltwriaeth a ddengys o natur ddynol, sut y gall storïau pen Brân ddiddanu'r gwŷr ar yr ynys am yr holl flynyddoedd. Maent yn ddigon bodlon anghofio am bopeth ond pleser y stori a chân Adar Rhiannon (os adar hefyd). Fel yn y cyfnod yn dilyn y Rhyfel Byd Cyntaf, deallodd y dynion ar ynys

Doedd dim llawer o farddoniaeth yn yr Orange Bear Bar y prynhawn hwnnw, dim ond gweddill llwch oedd yn dal i fygu'r rhan yna o'r ddinas, a'r ogle rhyfedd oedd yn dal i godi o'r twll. A'r dynion urddasol yma oedd wedi gadael eu gwaith bob-dydd er mwyn glanhau'r difrod. Ond am rhyw awr yng nghwmni Eleni a'r hylif glas roedden nhw'n dianc, ac yn hel atgofion. Dyma eu Gwales hwythau yn yr Orange Bear Bar.

Fe ffarweliais innau ag Eleni hefyd, a chamu'n ôl i wres llethol y stryd. Roedd bod yng nghyffiniau'r twll yn brofiad rhyfedd. 'Doedd o ddim yn wahanol iawn i unrhyw safle adeiladu arall mewn dinas fawr, ond roedd rhywun yn iasol ymwybodol o'r hyn a fu yno, ac o'r darluniau erchyll hynny a fflachiodd ar draws sgrinau teledu'r byd ar fore o Fedi.

Y noson honno fe aeth criw ohonom ni i'r White Horse Tavern, un o gafnau yfed olaf Dylan Thomas yn Efrog Newydd yn ôl ym 1953. Mae lluniau ohono yn dal i rythu ar yr yfwyr ffyddlon wrth y bar. Ac yn fanno 'nes i daro sgwrs a gŵr gweddol ifanc a'i holi ynglŷn â sut y teimlai erbyn hyn am drychineb Medi'r 11eg. 'We should have nuked them' oedd ei ymateb yn syth. A hyn gan un o drigolion rhyddfrydig Efrog Newydd. Heb geisio deall pwy oedden 'nhw', na pha wlad a fyddai'n cael ei dinistrio gan y taflegrau niwclear.

Fe fues i'n ôl yn Efrog Newydd unwaith ar ôl hynny, ac mae'r lle wedi newid, ac agwedd y bobl tuag at ddieithriaid fel fi yn wahanol. Mae'r hen groeso rhadlon wedi mynd, a llawer iawn o'r hen ddiniweitrwydd. Maen nhw'n amheus o bobl ag acenion gwahanol neu ieithoedd gwahanol, er bod Efrog Newydd fel erioed yn bair cymysg o bob iaith a lliw croen dan haul. Yn ystod yr ymweliad gydag Iwan Bala fe fuon ni'n trafod llawer ar y cysyniad o Wales mewn bwyty Eidalaidd hyfryd ar gornel stryd yn Greenwich Village. Roedd y saith a ddaeth yn fyw o Iwerddon yn eu *post-traumatic stress disorder* yn falch o straeon Brân ac alawon adar Rhiannon. Roedden nhw wedi bod i uffern a dod oddi yno yn fyw. Methodd Branwen â goroesi'r profiad. Ond yna yng Ngwales fe ddaeth rhyddhad am ryw hyd, nes i Heilyn ap Gwyn eu gorfodi i wynebu'r holl erchyllterau eto.

Mae cyflafan y ddau dŵr wedi creithio pobl Efrog Newydd hefyd, ac mae'r creithiau hynny yn dal yn agos iawn at wyneb y croen. Ac mae'r tensiwn yn amlwg ar wynebau pobl bob tro mae awyren yn hedfan yn is nac y dylai, neu fwg yn codi o un o'r tyrau gwydr a dur. Oherwydd bod y cyfan wedi digwydd yn fyw ar y teledu, mae'r delweddau hynny'n dal ar flaen y cof. Ffilmwyd y cyfan gan ddau Ffrancwr oedd yn digwydd bod yn gwneud rhaglen am Frigâd Dân Efrog Newydd, ac i mi y ddelwedd sy'n aros o'r ffilm honno yw sŵn cyrff y rhai oedd wedi dewis neidio o loriau uchaf y tŵr yn taro'r concrid islaw. Roedd curiad cyson y cyrff yn taro'r pafin yn gosod ryw fath o rhythm i'r rhan honno o'r ffilm. Mae'n rhyfeddod i mi i weld awyren filoedd o droedfeddi uwch y ddaear a gwybod bod y peiriant bregus hwnnw yn cludo cannoedd o bobl filoedd o filltiroedd ar draws y byd. Y cyfuniad o awyrennau, a'r bobl druan yn neidio yw'r ddelwedd sy'n aros i mi ar ôl agor y drws tuag Aber Henfelen.

Calavera'r Cwch
cyfrwng cymysg ar gynfas
18x13cm 2007

Gwales mai dim ond y funud honno oedd o bwys, a bod y funud honno'n cysylltu â phob munud a fu ac a fydd… a dyna'r cwbwl

Hedfan

Mae'n rhaid rhyfeddu ar y cynffonnau gwynion
sy'n rhubannu'r awyr, filoedd o droedfeddi uwchben;
mae pob un gynffon wen yn dyst i reolaeth dyn

ar ei greadigaeth: yn eu taenu mae tunelli
o alwminiwm a phlastig a phobol, yn esgyn
fel plu'r gweunydd i'r ffurfafen,

weithiau'n dal pelydrau'r haul
ar anterth eu taith, yn wincio
tua'r gorwel. Yn ôl pob rheswm

taflwch chi afal i'r awyr,
ac fe ddaw i lawr yn glep,
a gwasgar ei hadau i fwrw gwreiddiau newydd:

dyfeisiodd dyn dranc disgyrchiant,
creodd wyddor i'w gario i'r nefoedd –
mae'r sêr bellach yno i'w meistroli.

****

Ar fore o Fedi, a'r haul
yn fflam yn y ffurfafen lachar
daeth rheol disgyrchiant fel angel i'n fflangellu:

â'r gwydr a'r dur yn storom o dân,
pam na fedrwn ninnau esgyn
fel colomennod o'r ffenestri?

sydd. Dim duwiau, dim nefoedd. Does dim gorchwyl fwy mewn bywyd na hwyluso'r fordaith, i ni ac i eraill. Ai deffro allan o'r wybodaeth hon yn ôl i anwybodaeth wnaeth y gwŷr a aeth yn ôl gartref? Ynteu ai fel Odysseus gynt yn gwrthod gwahoddiad Calypso i aros ar yr ynys hud a byw am byth? Ai dihuno a wnaethant drwy sylweddoli mai chwant ffôl yw'r chwant am fywyd tragwyddol?

Iwan Llwyd
Bangor
Mawrth 2007

Castell yn y Pen 2
cyfrwng cymysg ar bapur *90x120cm* 2002

Ynys y Galon yw Hon
acrylic ac olew ar gynfas *122x92cm* 2007

Ynys y galon

Bûm yn darlunio'r ynys ar ffurf Cymru – 'Wales' ar ei chefn – ar y gorwel. Dyheadau cenedlaethol neu be? Ai codi o'r môr tymhestlog ynteu suddo y mae hi? Gofyn cwestiwn mae'r gwaith, nid gwneud datganiad. Ydi ein Cymru o fewn cyrraedd ar y gorwel, neu a yw hi fel rhith, yn ymddangos ac yna'n diflannu fel seren wib? Ai gwlad estron fu hi erioed?

Realaeth?
Dwi erioed wedi gwneud llun o Ynys Gwales go iawn, Grassholm felly, a does gen i, ar hyn o bryd, ddim bwriad o wneud. Ynys hollol ddychmygol, rhith yw hi i mi – breuddwyd yn wir, sy'n medru symbylu llawer stad o feddwl. Stori sydd rhywsut yn cyfleu gwirioneddau mawr.
Cysylltu â gwreiddiau (dychmygol neu beidio) a thrafod 'gwirioneddau' heb drafod crefydd na gwleidyddiaeth; dyna yw hyfrydwch mytholeg. Math o freuddwydio ydi peintio, mae'n debyg, ond eto, nid dihangfa lwyr oddi wrth realaeth.

Am dy galon
olew ar bapur Khadi *75x55cm* 2003

GorWel

Mererid Hopwood

Wele rith . . .
ymyl rhyw ynys
nad yw'n bod yn y byd,
ond ar gwmpawd hud,
ynys chwe adlais
a'i chwedlau ar linellau pelydrau pell,
ynys hynod,
lle i ddewin rodio
neu hedfan ar aden gwylan yn gampau i gyd,

ynys un bys a bawd,
hen ben bach a phen-glin plyg
ynys yr hanner mynwes
sy'n rhoi'n y dŵr ei darn o dir,

ynys y suddo diddiwedd
a'r marw hir

yn wir,
yn wir
wele rith . . . .

Cyfansoddwyd i gyd-fynd â
darlun gan Iwan Bala yn
Eisteddfod Tyddewi 2002

Ynys
cyfrwng cymysg ar bapur Khadi *39x29cm* 2006

Y Pererinion
cyfrwng cymysg ar bapur Khadi *55x77cm* 2005

Gwales
cyfrwng cymysg ar gynfas
100x80cm 2003
(yn cynnwys y gerdd 'Gorwel'
gan Mererid Hopwood)

Gorwelia 2
cyfrwng cymysg ar gynfas *60x77cm* 2000

Gal + Gal
cyfrwng cymysg ar bapur Khadi *55x75cm* 2004

Ynys Esgyrn
cyfrwng cymysg ar gynfas *51x61cm* 2000

Gwalia ar y Gorwel
cyfrwng cymysg ar bapur Khadi *55x75cm* 2002

Gorwel
inc a phastel ar bapur
14x22cm 2001

Gwlad yr Addewid
cyfrwng cymysg ar bapur Khadi *65x55cm* 2004

Ewropa
Cyfrwng cymysg ar bapur Khadi *75x55cm* 2005

POBL YR IWERYDD

Mae sawl person wedi olrhain gwreiddiau'r Cymry, fel y Gwyddelod, Llydawyr a Galithiaid, nid i dras o bobl Geltaidd, ond i ddiwylliant môr Iwerydd; yr *Atlanteans*, ys dywaid y Gwyddel, Bob Quinn. Mae yntau wedi cynhyrchu cyfres o ffilmiau ar y thema yn ystod y 1980au[1] – mae'n werth cael gafael ar DVD ohonynt. Iddo ef, syniad diweddar Ewrosentrig a ffug yw y term 'Celtaidd'. Mae'n cymharu crefydd Gristnogol gynnar Iwerddon (a Chymru) â'r Coptics a Mwslemiaid o'r Aifft, ac yn cymharu dull canu y *sean-nós* traddodiadol yn Connemara â chanu llwyth y Berberiaid ym Moroco. Mae hefyd yn gweld tebygrwydd yn y cylchoedd cerrig a gawn ar hyd ymylon gorllewin Ewrop, eto ym Moroco, gogledd Sbaen, Llydaw, Cymru ac Iwerddon, â chymhariaeth mewn cynlluniau addurniadol a chelfyddydol yn ogystal â mytholeg. Erbyn heddiw, ymddengys fod archwilion genome DNA yn cadarnhau cysylltiadau fel hyn. Os felly, dyw hi ddim yn syndod fod ynysoedd yn fyw yn y dychymyg – nac ychwaith mod i'n teimlo mor gartrefol yng ngogledd Sbaen! Y fordaith ar hyd arfordir deheuol y Môr Canoldir, ar hyd gogledd Affrica, draw i Iberia ac yna Fae Biscai i Lydaw ac i Iwerddon a Chymru: yno mae'r gwreiddiau o bosib. Ac os gwreiddiau, pa mor ddwfn a chudd ydynt? A oes mwy o lawer i'r ynys na'r hyn sydd i'w weld uwchben y dŵr?

Atlantea
cyfrwng cymysg ar bapur Khadi
75x55cm 2007

1. The Atlantean Quartet. An Irishman's Search for North African Roots. Cinegael/Douglas Hyde Gallery, Dulyn

Byd Mawr
cyfrwng cymysg ar bapur Khadi *55x75cm* 2005

MAPIAU

Maent wedi fy niddori erioed. Pan oeddwn yn blentyn, hyd heddiw, rwy wedi astudio mapiau o bob math. Dwi wrth fy modd efo hen fapiau cynnar; medraf drafeilio yn fy nychymyg wrth eu darllen. Maent yn llawn symboliaeth, hanes, diwylliant, breuddwydion. Maent yn cynnwys ein holl fodolaeth. Mi fyddwn i hefyd yn creu mapiau fy hunan, o wledydd a chyfandiroedd dychmygol. Mor gryf oeddent yn fy meddwl fy mod yn eu cofio'n glir hyd heddiw – yn wir, medrwn ffeindio fy ffordd o'u cwmpas yn hawdd o hyd.

Y Byd

Yn ddiweddar dwi wedi bod yn creu mapiau o'r byd, gan sylweddoli mwy a mwy wrth i amser fynd heibio, mai ynys yw'r byd i gyd, ynys dan fygythiad mawr o suddo. Dwi'n gytûn â dyhead mudiad Zapatista pan ddywedant; 'Mae byd arall yn bosib, byd â lle ynddo i lawer o fydoedd'.

Tierra Profunda
cyfrwng cymysg ar bapur Khadi *55x75cm* 2005

Byd Bach y Byd
cyfrwng cymysg ar bapur Khadi *55x75cm* 2005

Byd bach
cyfrwng cymysg ar bapur Khadi *70x102cm* 2005

Pa fyd?
inc India ar bapur Khadi *25x18cm* 2005

Carta Fragmentada
cyfrwng cymysg ar bapur Khadi *70x102cm* 2005

Map Iwtopia
cyfrwng cymysg ar bapur Khadi *70x102cm* 2005

Cwmwl du uwchden
cyfrwng cymysg ar bapur Khadi *55x75cm* 2007

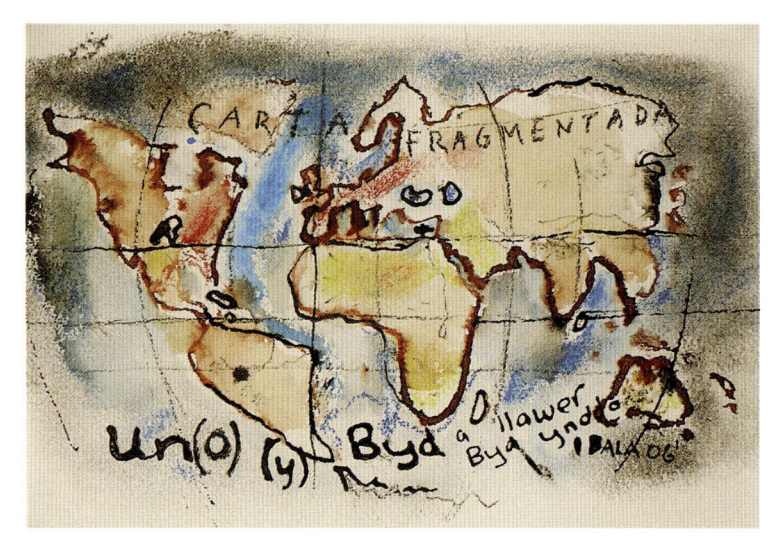

Un(o) (y) Byd
cyfrwng cymysg ar bapur Khadi *16x28cm* 2005

Carta
inc India ar bapur *10x15cm* 2005

Byd Caeth
cyfrwng cymysg ar bapur Khadi *70x102cm* 2005

Byd Nic
cyfrwng cymysg ar bapur Khadi *14x19cm* 2006

Cwmwl Du Uwchben
cyfrwng cymysg ar bapur Khadi *70x102cm* 2005

Lagrimas
cyfrwng cymysg ar bapur Khadi *70x102cm* 2005

Uno byd neu ei golli
cyfrwng cymysg ar bapur Khadi *18x23cm* 2006

Byd Dwfn
cyfrwng cymysg ar bapur Khadi *70x102cm* 2005

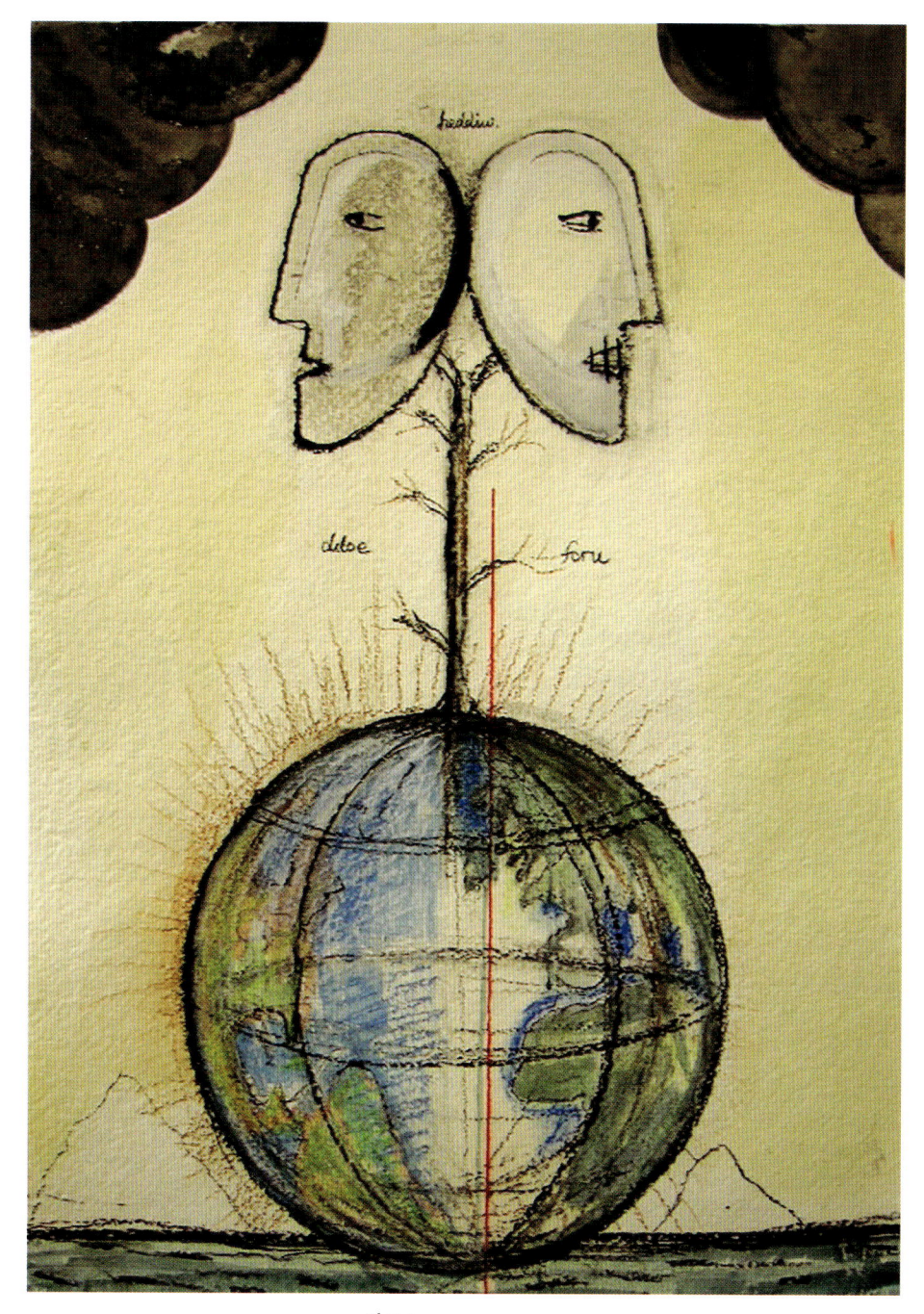

Eicon
cyfrwng cymysg ar bapur Khadi *75x55cm* 2005

Cof, Bro, Mebyd (manylyn)
olew ar gynfas 1997

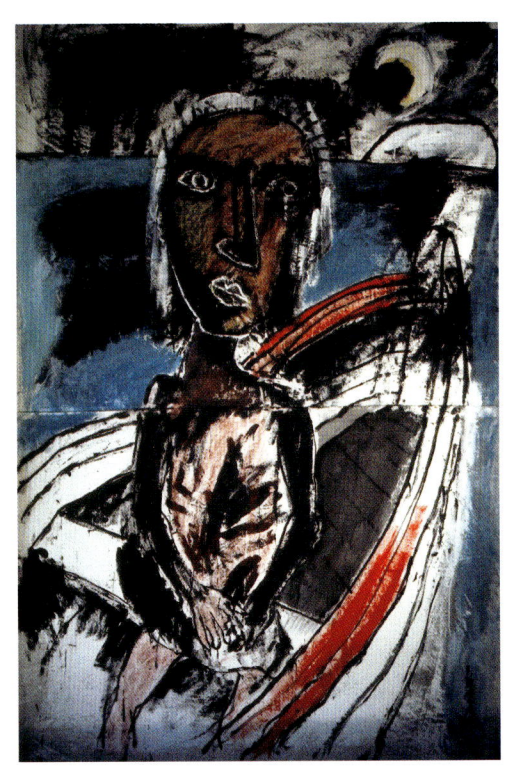

Cwch Ymadael
golosg, acrylic a phastel ar gynfas *213x124cm* 1989
casgliad Y Tabernacl, MOMA Machynlleth.

CWCH/PAIR

Mae'r cwch yn symbylu
teithio – mordaith bywyd, ac
hefyd y pair – pair y dadeni.

Iberico Cambrensis
olew ar gynfas *120x176cm* 2001

IBERICO CAMBRENSIS

Yn y cwch/pair gwelwn Ianws
– ei wyneb i'r gorffennol a'r
dyfodol ar yr un pryd.

Pontio
cyfrwng cymysg ar bapur
10x13cm 2002

Y Llong
cyfrwng cymysg ar bapur Khadi *75x55cm* 2004

**A fu ddoe,
a fydd o hyd**
cyfrwng cymysg ar
gynfas ar fwrdd
150x120cm 1999

Dadeni (ond colli Iaith)
golosg ac acrylic ar gynfas amrwd *92x92cm* 1997

El Lagarto Finesterre
olew ar gynfas *153x122cm* 2000

Myth
acrylic ar gynfas *70x53cm* 1992

Cwch y Ffyliaid yn ymweld â Bae Caerdydd
olew ar gynfas *32x55cm* 1988

Ffigwr mewn Cwch
inc India a dyfrliw *20x18cm* 2000

"Lluniau yn dweud storïau"

Siân Melangell Dafydd

"Lluniau yn dweud storïau"[1]

"bwyell ar gyfer y môr rhewedig oddi mewn i ni."[2]

Un dydd, ymhell bell yn ôl, ar noson braf ar lannau llyn hudolus, yn y Bala...

Rydw i'n amau fod stori sy'n dechrau yn yr arddull hwn yn gyfarwydd i bawb sy'n ei darllen. Beth am ddechrau eto felly...

1994 oedd hi. Cefais fy nhywys i arddangosfa gelf yng Nghapel Plasé, y Bala ac yno, wedi ei hongian ymysg peintiadau eraill, oedd un o'r enw *Mewndroad (Africa Inverted)* gan artist lleol oedd newydd ddychwelyd o'r Affrig: y darlun cyntaf a welais erioed gan Iwan Bala.

Dyma a welais: darlun mawr 41" wrth 33" o gynfas a gwydr yn creu argraff drawiadol a thrwm, siâp triongl isosceles arno fel pegwn yn pwyntio ar i lawr, gwead i'r triongl fel patrwm caregog mynyddoedd ar fap, marciau aflonydd mewn brwsh a bysedd, siapiau brics a mortar, darn o dir wedi ei osod mewn gofod o fôr tywyll, pygddu a dychrynllyd. Yn amlwg felly, roedd yr artist wedi defnyddio cliwiau gweledol mai tirwedd oedd yno; siapiau cyfarwydd a hawdd dygymod â nhw i holl ymwelwyr Capel Plasé. Ymddengys mai cyfandir Affrica oedd hwn, a theitl y darlun yn cadarnhau hynny. Roedd y byd yn ei le.

Ond, roedd y darlun hwn wedi ei beintio ar ochr chwith gwydr; gweld tu mewn i'r tirwedd yr oeddem, nid y tirwedd ei hun, a hynny drwy'r bwlch a grëwyd gan y gwydr. A pham fod y darlun yn dod â rhybudd gan un o'm hathrawon ysgol i edrych ar y darlun hwn mewn ffordd wahanol i holl beintiadau'r arddangosfa? Mae'n ymddangos ei fod, yn ddamweiniol, wedi ei hongian â'i ben i waered. Roedd hi wedi bod yn rhy hwyr i gywiro'r camgymeriad cyn i wahoddedigion y noson agoriadol gyrraedd i yfed

Mewn-Droad
cyfrwng cymysg ar gynfas a gwydr *104x83cm* 1993

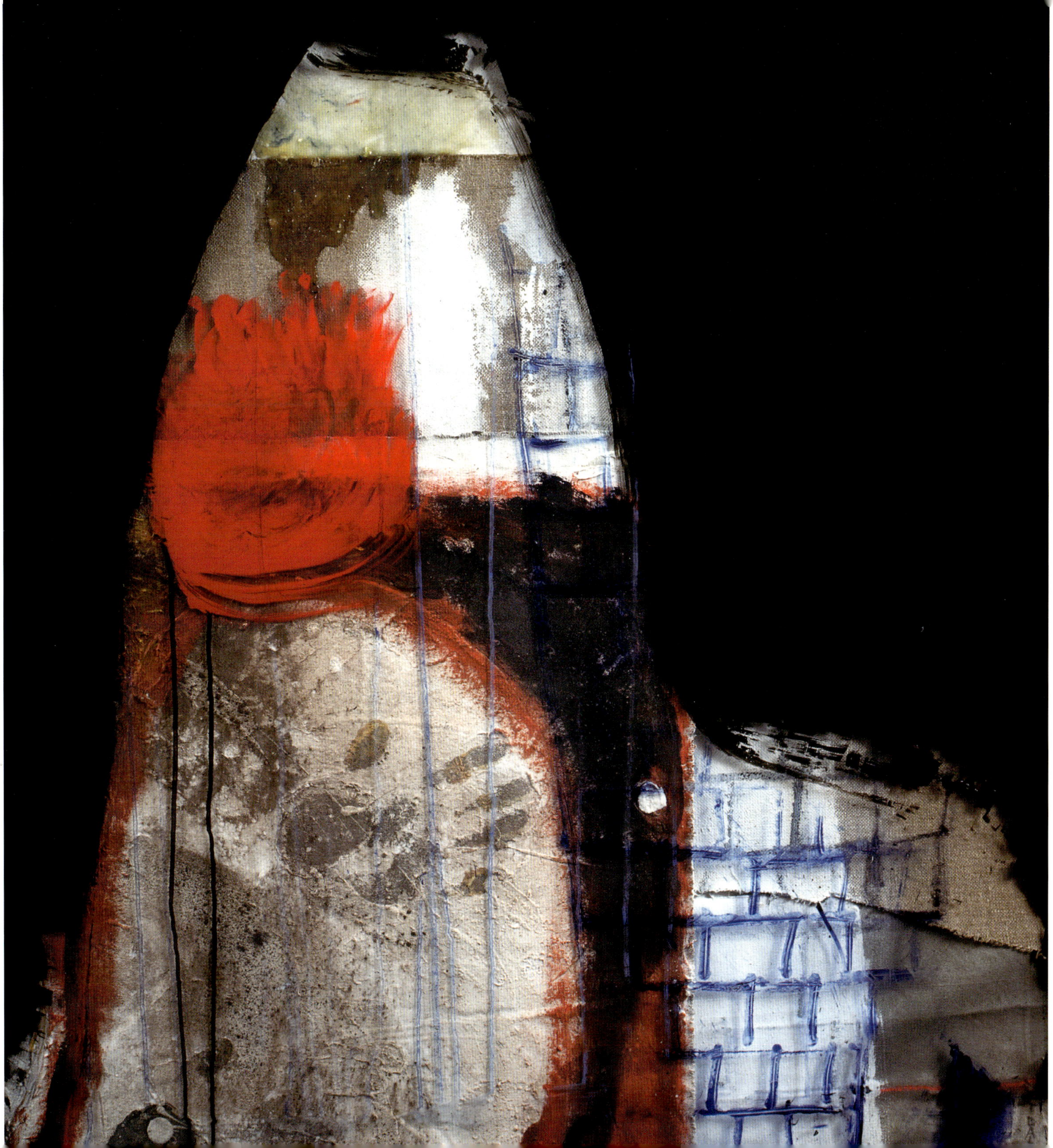

dŵr ysgawen o gwpanau plastic, ac felly dyna lle'r oedd y darlun: byd â'i ben i waered Iwan Bala, a hwnnw wedi ei droi â'i ben i waered.

Er mwyn gweld y darlun fel y dymunai'r artist roedd yn rhaid i rywun hongian ei ben â'i ben i waered nes bod cric yn ei wddf a'i ben yn troelli. Roedd atynfa gref yn tynnu cynulleidfa at y darlun, fel petai Madonna beintiedig yn llefain yno, ffotograff o rywun enwog yn edrych yn dew neu rywun wedi gweiddi 'sgrap' ar draws iard ysgol a phawb wedi rhedeg i gael cipolwg ar yr ymrafael, y llanast a'r cywilydd. Onid oes mwy o adloniant mewn camgymeriad na darlun arferol? Yno, trafodwyd y gwaith celf yn hytrach na syllu'n fud. Pwy fyddai wedi meddwl fod yr artist wedi *bwriadu* hongian y darlun i'r gwrthwyneb i fympwy pawb arall? Roedd eraill yn myfyrio ar amhosibilrwydd gweld beth oedd pen na chynffon y ddelwedd beth bynnag! Sylwadau cyfarwydd yw'r rhain, bob tro y daw hi'n amser cystadleuaeth Gwobr Turner. Maddeuwyd i bwy bynnag oedd wedi hongian y darlun, am beidio gwybod mai'r ffordd *gywir* i hongian y darlun oedd y ffordd *anghywir*. Sefais yno ymysg haid o bobl oedd wedi dod i weld y camgymeriad, pawb yn giglo.

Cerflun o ynys oedd y siâp triongl i fod, nid yn llythrennol begwn daearyddol Affrica. I weld y gwaith heb achosi poen pen, roedd angen perisgob, rhywbeth fedrai droi *Mewn-Droad* Iwan Bala ar ei ben, eto. Sefais, wedi fy ynysu gan y darlun; darlun oedd wedi tarfu ar drefn naturiol pethau. Yn y profiad cyntaf hwnnw o sefyll o flaen gwaith Iwan Bala roedd map (oedd – roedd siâp Affrica'n dal yno hyd yn oed os mai awgrymiad drwy drosiad oedd hynny); roedd ynys; roedd marciau cyntefig; roedd cyfathrebu chwareus rhwng artist a gwyliwr; ac ar y noson braf honno yn 1994 yn y Bala wrth sipian dŵr ysgawen mewn hen gapel, trwy'r lledchwerthin, roedd dealltwriaeth, sydyn, slei nad oedd y byd yn ei le.

Yr hyn oedd ar waith yma oedd cysyniad y Ffurfiolwr Rwsiaidd, Viktor Shklovskii o anghyfarwyddo, sef bod celf yn cynnal didreiddedd iaith ac mai swyddogaeth celf yw trawsnewid y cyfarwydd a'i drwytho gyda'i ffresni gwreiddiol trwy broses o anghyfarwyddo. Mae delweddau yn ein hamgylchynu beunydd; yn wir, gymaint nes bod eu gwir ystyr yn cael eu gwisgo'n denau gan orddefnydd. Mae Shklovskii yn sôn am ddefnyddio iaith 'farw': trosiad wedi colli ei rym drwy ailadrodd, dywediad oedd yn llawn ffresni creadigol a grym pan ynganwyd ef gyntaf ond, wedi ei ailadrodd, yn dod yn rhy ddisgwyliadwy (dywediad megis 'un dydd, ymhell bell yn ôl'). Nid yw anghyfarwyddo yn ymwneud â mater o weledaid yn unig; dyma, yn ôl Shklovskii yw hanfod llenyddoldeb. Er mai cysyniad Theori Lenyddol yw 'anghyfarwyddo', dyna wna Iwan Bala drwy ei ffordd arbennig o'ch tywys i mewn i ddarlun trwy ddefnyddio delweddau cyfarwydd neu syml: yma siâp cyfandir Affrica fel y gwelir ef ar fap. Gorfoda Iwan Bala i'w wyliwr wynebu rhywbeth cyfangwbl 'arall' y tu ôl i olwg wyneb y darlun.

Yng Nghapel Plasé yn 1994, bu i anghyfarwyddo Iwan Bala gael ei atgyfnerthu drwy'r camgymeriad, gan ei fod wedi tynnu sylw at y dechneg a dinoethi'r ddyfais. Roedd yn llythrennol yn arddangos y broses o orfodi'r gwyliwr i edrych ar wrthrych mewn ffordd wahanol trwy wneud i'r gwyliwr ail-actio'r broses o wrthdroi'r hyn oedd yn wrthdroëdig yn barod. Roedd y gwylwyr yn gorfod ymgorffori cysyniad haniaethol anghyfarwyddo mewn ffordd ddiriaethol. Bu'r ddamwain gynnar hon yn gymorth i esbonio gweddill gyrfa Iwan Bala.

Adfeilion Zimbabwe Fawr
llun Iwan Bala

Yr hyn a ddarganfu Iwan Bala wrth dreulio cyfnod fel Artist Preswyl yn Oriel Genedlaethol Zimbabwe, wrth edrych ar adfeilion waliau sychion Zimbabwe Fawr, ac wrth edrych ar baentiadau prysgoedwyr San ar greigiau'r tirwedd, oedd yr 'elfennau ysbrydol creadigedd' i gelf. Roedd rhywbeth yno iddo yn y lliwiau brau oedd yn dragwyddol a grymus 'megis grym natur'.[3] Darganfu ddiwylliant oedd yn teimlo'n gartrefol iddo, mynegiant oedd, er yn perthyn i ddiwylliant estron, yn cytuno â'i reddfau naturiol fel artist. Celf â grafitas a phresenoldeb yr oedd am ei efelychu. Trwy fynegiant artistig diwylliant newydd, darganfu Iwan Bala sut i fod yn Gymro. Darganfu bersbectif newydd o'i hunaniaeth. Darganfu anghyfarwyddo. Wrth baratoi'r arddangosfa hon a deithiodd i Gapel Plasé (*Hiraeth*), ar ôl bod yn Zimbabwe, roedd wedi ei ddal rhwng dwy wlad, yn wynebu Cymru a Zimbabwe ar unwaith, a'i waith yn ymwneud â theimlad o ddadleoli. Roedd yn 'byw mewn rhyw limbo, rhwng dau fyd',[4]

– ar ynys fetafforig felly. Mae'r ddelwedd o ynys yn dod yn symbol o gyflwr meddwl yr artist yn ogystal â symboleiddio Affrica. Nid yw cyfandir Affrica fel ynys yn peidio bod yn Affrica trwy golli ei siâp a thrwy bersbectif newydd. Mae fflipio'r 'gwir' yn ei gwneud yn Affrica bersonol. Peidiwch byth â disgwyl darlun llythrennol o'r hyn a wêl llygad ddynol gan Iwan Bala. Disgwyliwch yr hyn nad oeddech yn ei ddisgwyl. Creda nad 'esgus dros harddu wal yw creu celf weledol; rhaid i'r polemic fod yn amlwg mewn darlun'.[5] Mae'n tarfu ar naratif confensiynol celf i dorri'r cliché; ni welir un tirwedd lythrennol, na phortread na bywyd-llonydd. O'i safle ynysig fel artist, a'i ffordd drosiadol o weld y byd, mae Iwan Bala yn dilyn y geiriau canlynol gan yr awdur, Franz Kafka:

'Dylai llyfr fod yn fwyell ar gyfer y môr rhewedig oddi mewn i ni'.[6]

Yn ôl dealltwriaeth Shklovskii o anghyfarwyddo, dim ond naratif arbrofol ac anghonfensiynol all gyflawni hyn, nid naratif realaidd. Cymer gwaith Iwan Bala hefyd y cam bras oddi wrth realaeth ac i dalaith arbrofol. Trwy ddefnyddio geiriau Shklovskii a Kafka i fynd i'r afael â gwaith Iwan Bala, rwyf yn defnyddio dysgeidiaeth am lenyddiaeth yn hytrach na chelf weledol. Pam trin llun fel gair? Mae'n syndod o addas. Prosiect celfyddydol-lenyddol oedd *Hiraeth*, gan fod yr arddangosfa wedi bod yn gywaith rhwng Iwan Bala a'r sgriptiwr Ed Thomas. Mae Iwan Bala wedi clymu ei waith yn dynn wrth lenyddiaeth o'r dechrau. Ond hefyd, trwy drin llun fel gair, rwy'n gobeithio benthyg ychydig ychydig o anghyfarwyddo a'i anelu'n ôl at ddarluniau Iwan (heb gric yn fy ngwddf y tro hwn).

Hoffwn neidio trwy amser, ymlaen i'r flwyddyn 2000, i daro golwg ar ddarlun o lyfr: *Chwedl* (2000). Iwan Bala yw'r awdur. Mae'r llyfr wedi ei agor tua'r canol, gyda'r un nifer o dudalennau wedi eu troi ag sydd eto i'w troi, y gorffennol a'r dyfodol yn hafal o boptu llinell drwchus ddu'r meingefn. Ar y dudalen chwith ceir y gair, *boddi tir* ac ar y dde, *dam*. Yna wedi ei sgriffio dros y ddwy dudalen ag ysgrifen traed brain, cyflym a gwaedlyd, mae *chwedl*. Gan mai llyfr i'w arddangos yw hwn, cwyd atgofion o amgueddfeydd â'u llyfrau gwerthfawr; creiriau brau wedi eu cloi mewn cas wydr a'u

Chwedl
olew a chyfrwng cymysg ar gynfas ar fwrdd *50x65cm* 2000

tudalennau yn cael eu troi fesul un y diwrnod fel bod pobl yn medru craffu arnynt. Er bod golwg fregus ar dudalennau llyfr Iwan Bala, eu hwynebau'n ymddangos un ai fel eu bod wedi eu dinistrio gan lif dŵr neu ag wyneb garw iddynt fel wyneb craig, nid crair cyfarwydd mo'r llyfr hwn. Nid oes sgript daclus mewn bloc yng nghanol y dudalen. Mae'r marciau arno yn neidio allan o'u lle priodol, yn camymddwyn lawer mwy nag unrhyw ymylnodau traddodiadol llyfr amgueddfa. Mae marciau llyfr Iwan Bala yn rhai symudol, byw: dŵr yn diferu i lawr y dudalen chwith; rhwbio allan a chwa o linellau teimladwy; marciau yn gorgyffwrdd tudalennau; ysgrifen fawr a bach, du a choch direol. Mae'r llyfr yn herfeiddiol, hyd yn oed cyn edrych ar ei gynnwys fel naratif.

Nid yw stori yn stori heb fod iddi wrthdaro; yma yn llyfr *Chwedl* ceir gorffennol yn erbyn dyfodol, gyda ffin ddu'r meingefn anhreiddiadwy yn cael ei chwalu gan *chwedl*. Mae geiriau unigol Iwan Bala yn dod â llif o storïau i'r cof: boddi Cantre'r Gwaelod, boddi teyrnas Tegid Foel i greu Llyn Tegid ac, yn fwy diweddar, boddi Tryweryn ym 1963 – mae'r trosiad o dir yn troi'n ddŵr yn un cyfarwydd, a storïau yn taro tant yng nghof cenedl. Nid oes angen adrodd yr holl chwedl neu hanes; mae gair o atgof yn ddigon. Trwyddo, mae Iwan Bala yn gosod tir yn erbyn dŵr. Daw rhan o'i stori yn stori bersonol i'r darllenydd/gwyliwr wrth i ni ailadeiladu'r storïau yn ein cof wedi cael prompt gan Iwan Bala. Mae iaith yn y gwaith celf hwn. Mae'n gosod cenedl yn erbyn cenedl drwy'r Gymraeg (*Boddi Tir*) yn erbyn Saesneg (*Dam* yn hytrach nag *Argae*). Gwna hyn, nid trwy esbonio, ond trwy arddangos (cyngor pwysig i unrhyw un sy'n dechrau ar ysgrifennu naratif). Mae'n defnyddio celf, nid i gofnodi eiliad weledol ond i gofnodi blas o stori gyfan neu hyd yn oed storïau gwahanol yn gorgyffwrdd blith draplith ar y cynfas, ac i gofnodi'r tensiwn a'r emosiwn sy'n mynd hefo adrodd stori. Bron y gellir dweud fod y llyfr yn llefain dagrau paent glas. Ni all darlun fod yn waith Iwan Bala heb fod ynddo wrthdaro. Naratif sydd ar ei gynfas.

Pwy sydd wedi troi tudalennau llyfr er mwyn darllen ymlaen beth sy'n mynd i ddigwydd cyn darllen y llyfr cyfan hyd y pwynt hwnnw – i ddarganfod y dyfodol? Dyma baradocs naratif: y syniad fod gorffennol, presennol a dyfodol i gyd yn bodoli yn

Dim ond iaith
cyfrwng cymysg ar bapur Khadi *30x42cm* 2007

yr un ddogfen, ar yr un pryd: yr hyn sydd yn bosib mewn naratif ond nid mewn bywyd. Daw rhyddid mewn stori i grwydro o gwmpas mewn amser yn y dweud, a gadael i'r gwrandäwr neu ddarllenydd ailadeiladu'r drefn gronolegol. Felly hefyd yng nghelf weledol Iwan Bala. Trwy beintio delwedd o lyfr cyfan, mae'n awgrymu bod modd troi'r tudalennau yn ôl neu ymlaen. Tra byddom ni'n edrych ar y ddwy dudalen *boddi tir – dam* mae'r gorffennol a'r dyfodol yn dal i fodoli yn rhychau'r tudalennau o bobtu. *Chwedl* sydd â'r gallu i oroesi tudalennau. Awgryma'r awdur mai dal i groesi dros y ffin a wna *chwedl* yn y dyfodol, boed yn ffin o feingefn llyfr neu ddaear neu ddŵr. Mae Iwan Bala'r artist a'r storïwr yn ymwybodol o hollbresenoldeb amser yn y darlun hwn. Trwy beintio llyfr mae Iwan Bala yn dangos ei fod, fel awdur, yn ymwybodol o naratif parhaol.

Falle nad oes ynys lythrennol yn *Chwedl* ond saif y llyfr ar y cynfas gyda'i dudalennau fel tonnau yn taro yn erbyn ei berimidr. Y tu hwnt i'r ynys-lyfr hwn mae teitl Saesneg y llyfr: *Legend*. Yma o hyd mae'r syniad o ynys yn llechu yn y tyndra rhwng y tu-mewn a'r tu-hwnt. Pa well symbol nag ynys i gyfleu prif frwydr llyfr *Chwedl* rhwng dŵr a thir? Daw'r ynys i fod â rôl annatod mewn llunio stori yng ngwaith Iwan Bala; hon yw ei brif ddelwedd, ynys a'i holl ddelweddau cysylltiedig megis tir, dŵr, rhew, mynydd, argae, pont...

'A fo ben bid bont.'

Beth am deithio trwy amser eto – yn ôl y tro hwn, i 1997 – i Eisteddfod Genedlaethol Meirion a'r Cyffiniau yn y Bala, yng nghesail Llyn Tegid a nodau telyn neuadd Tegid Foel o dan y dŵr. Bu'r artist Angharad Pearce Jones yn siapio tir yr ardal â'i gwaith celf anferth ar ffridd yn uchel uwch y llyn a Sheilagh Hourahane yn trafod, yng nghatalog yr arddangosfa Celf a Chrefft, sut y bu nodweddion y tir yn newid o ganlyniad i adfeilio hen feudai cefn gwlad. Yn gefndir diwylliannol i'r arddangosfa Celf a Chrefft y flwyddyn honno roedd pwysigrwydd tir a mapiau. 'Rydw i wedi addasu, ail-ddefnyddio a newid siâp y tirwedd hwn (Cymru)',[7] meddai enillydd y Fedal Aur mewn

Iwan Bala yn cyflwyno darlun i'r bardd R.O. Williams fel rhan o brosiect 'Cof, Bro, Mebyd' Cywaith Cymru. Eisteddfod Genedlaethol Meirion a'r Cyffiniau 1997. Or chwith – y diweddar Ifor Owen, John Meirion Morris, Tamara Krikorian

Celfyddyd Gain, Iwan Bala. Ei ddarlun *Gwales (Ararat)* oedd un o'r darluniau a enillodd y wobr iddo. (Gweler tudalen 21.) Dyma ynys (Gwales) a mynydd (Ararat) penodol felly, rhai gwir, y gallwn bwyntio atynt ar fap.

    Cynigaf *ddarllen* y delweddau (o dan arweiniad y llyfr, *Darllen Delweddau* gan Iwan Bala sy'n annog darllen delwedd a gweld gair). Mae Ynys Gwales ddeng milltir o arfordir gorllewinol Sir Benfro, yn bellter lled-Cymru i ffwrdd o'r lle y magwyd Iwan, yn y Bala. Hon yw'r ynys lle, yn ôl y Mabinogi, y bu pen Brân yn byw ar ôl iddo gael ei dynnu oddi ar ei gorff, a lle enciliodd Pryderi a Manawydan am saith mlynedd ar ôl eu brwydr olaf yn Iwerddon. Atgyfnertha Iwan Bala'r gred ein bod, beunydd *yng nghysgod hen dduwiau* (teitl darlun arall ganddo yn yr arddangosfa) drwy eu hadfywio yma. Efallai wir nad oes byth fwy na naw cam rhyngom â chwedl gan fod cysylltiadau'n llechu ym mhobman: uwchben Llyn Tegid eistedda Branwen, chwaer Brân. Gwelwn fod hydrinedd chwedlau yn gwneud tirwedd Iwan Bala hefyd yn hydrin. Pen wedi ei dorri o'i gorff sy'n coroni *Gwales (Ararat)*. Brân felly? Y pen toredig ar Gwales, y cofiadur neu'r storïwr a adroddodd storïau wrth y saith dyn a oroesodd brwydr olaf Iwerddon yn hanes Branwen Ferch Llŷr yn y *Mabinogi*, storïau o ffansi a dedwyddwch er mwyn anghofio trychinebau'r gorffennol a'r presennol.

    Fe welir Bran hefyd mewn peintiadau eraill gan Iwan Bala, yn camu'n fras dros y môr, yn creu pont neu estyniad o'r tir gyda'i gorff er mwyn croesi'r dŵr a chludo ei fyddin i dir saff (*a fo ben bid bont,*) neu'n ben mast cwch yn *Ianws/Elegguá*. Mae'r pen hefyd felly yn Elegguá: duw'r trothwy yng nghrefydd Santeria, Ciwba. A beth am y cymeriad, *Ianws*? Gwelir bod dau wyneb i'r pen ar y mynydd. Mae iconograffiaeth o'r fath yn dwyn i gof ganrifoedd o hanes celfyddyd a'r traddodiad o bortreadu'r duw Brythonaidd-Geltaidd Ianws â dau wyneb. Ef yw duw drysau a giatiau, dechreuadau a diweddau. Yn *Chwedl*, gwelwyd ffin ddu meingefn llyfr yn llywodraethu dros orffennol a dyfodol y darlun; yma pen dauwynebog Ianws sy'n ymgorfforiad o'r ddeuoliaeth. Ym meingefn du'r llyfr, roedd ffin. Wyneba'r llinell y dyfodol a'r gorffennol ar yr un pryd, trwy ei safle yn symboleiddio'r union bwynt lle mae'r gorffennol a'r dyfodol yn cael eu harchwilio er mwyn rhoi perthnasedd i'r presennol. Mae'r pen, p'un ai ydy o'n cael ei ddarllen fel

Enghraifft o Elegguá

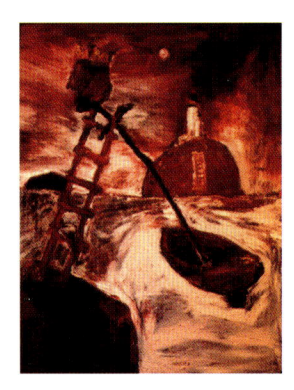

Pen Brân (Brân yr Ynysoedd)
olew ar gynfas *153x122cm* 1989

Ianws/Elegguá
inc, olew linseed, pastel a golosg ar bapur Khadi *75x55cm* 2004

Brân neu Ianws neu Elegguá, yn symbolau o bontio, cysylltu ac agor. Maent yn ymgorfforiad o feingefn y llyfr: y ffin.

Ar gopa mynydd yr ynys, mae stamp ac arno lun o gwch; nid unrhyw gwch ond siâp cyfarwydd wedi ei ddwyn o luniau lliwio-i-mewn a llyfrau plant. Ni all y symbol fod yn unrhyw gwch ond Arch Noa. Mae'n debyg mai ar fynydd Ararat y bu i'r arch lanio ar ôl llifogydd yr Hen Destament. Ar ôl y llifogydd felly, yn yr achos hwn, mae'r arch wedi ei golchi i'r lan ar ynys famol. Trwy gymysgu chwedlau fel hyn, mae Iwan Bala yn dyrchafu chwedloniaeth cefn gwlad i fod â statws a phwysigrwydd rhyngwladol. Yr hyn welodd Iwan Bala yn Zimbabwe ac yng ngwaith artistiaid yr edmygai megis Jose Bedia o Giwba yw bod eu gwaith yn 'peidio bod yn ddarluniau o syniadau yn unig, ac yn tyfu i fod yn 'allorau' trawsffurfiol grymus'.[8] Dyma ddyhea ar gyfer ei waith ei hun: stori neu lyfr sy'n dyrchafu i fod yn eicon.

Mae'r mynydd yn y darlun yn dyblu fel torso cawres, corff benywaidd yn cyrcydu ar ddarn o dir, y fam ddaear, mamwlad, Ceridwen yn rhoi genedigaeth i'r môr, neu hyd yn oed wraig feichiog yr artist. Ystyr 'gwal' mewn hen Gymraeg yw 'gwely'. Wedi ychwanegu ato, yr ôl-ddodiad benywaidd 'es' i wneud 'gwales', fe drawsnewidia enw'r ynys i fod yn wely cenhedlu.

Ymestynna coesau'r gawres feichiog o'r ynys hon i fod yn ffurfiau dau fynydd hafal yr Eifl a Thre'r Ceiri neu'r Cnicht a'r Moelwyn o draeth Borth-y-gest neu hyd yn oed ddwy Aran a'r Berwyn uwch Llyn Tegid. Yn y dŵr o'i blaen mae cwch yn ymddangos, nid arch, ond cwch fel sawl cwch arall yng ngwaith Iwan Bala, o hyd â golwg pair. Cwch yw hwn wedi treiddio cof yr artist o amgueddfa yn Nulyn, cwch boced, model aur o gwch Celtaidd, â rhwyfau bach aur. Cwch i'n cludo i'r stori yw hwn. Anghofiwch rwystredigaethau megis maint, amhosibilrwydd teithio o realiti i mewn i ffantasi darlun: gall y cwch bychan hwn oroesi problemau diriaethol, mae ganddo bwerau trawsffurfiol i'ch cludo yn ddiogel trwy wyneb y stori i arallfyd Gwales, yr ynys y tu hwnt i ddychymyg. Nid ynys anghyraedd mohoni. Mae ysgol wedi ei gosod, i chi ddringo i'r lan. Dros yr ynys mae graffiti hen chwedlau yn dal o fewn gafael, ysgrifen a marciau byrhoedlog a brau yr olwg ond rhai parhaol er hynny, mor barhaol â pheintiadau'r San.

Gwales (Ararat) darlun paratoadol cyfrwng cymysg ar bapur *46x50cm* 1997

Yng nghysgod hen dduwiau (Ffigwr yn y tirwedd)
olew a golosg ar gynfas amrwd *86x140cm* 1996-97

Fel nofel ôl-fodern, mae'r darlun yn hunanymwybodol; storio yw un o brif themâu ei stori. Mae paralelau rhwng ynysoedd Iwan Bala â nofel Graham Swift, *Waterland*. Mae'r tensiwn thematig rhwng dŵr a thir yn amlwg debyg o'r teitl. Defnyddia Iwan Bala, fel Swift, y delweddau hyn i gyfathrebu storïau, i drafod natur naratif ac i ddangos mai cyflwr dynol yw'r angen am storïau. Fel cynfasau Iwan Bala, cymysgedd o storïau a geir yn *Waterland* gan gymeriad y storïwr, Crick. Mae'n adrodd storïau i lenwi gwagle, i osgoi diflasdod, i ddisodli ofn:

Children, who will inherit the world. Children to whom, throughout history, stories have been told, chiefly but not always at bedtime, in order to quell restless thoughts; whose need of stories is matched only by the need adults have of children to tell stories to, of receptacles for their stock of fairy-tales, of listening ears on which to unload those most unbelievable yet haunting of fairy-tales, their own lives...[9]

Yn yr un modd, adroddodd Brân storïau lu i ddisodli ofn a gwagle dychrynllyd y saith milwr ar Gwales. Roedd archoll y rhyfel a phosibiliadau'r dyfodol yn gwneud cyflwr meddwl presennol y milwyr yn rhy glwyfus i fedru dygymod â gwirionedd y presennol. Stori amdani felly. Ffantasi i'w cadw mewn limbo ac ynys ddideimlad. Dyna yw greddf

Cara Walia
cyfrwng cymysg ar bapur Khadi *55x75cm* 2004

ddynol. Gan fod dweud storïau, eu hailadrodd ac ychwanegu atynt yn rhan 'o fod yn Gymro (neu yn wir, o fod yn ddynol',[10] yn ôl Iwan Bala, dyna'n union mae'n ei wneud, yntau ar ochr orllewinol Prydain a Swift ar yr ochr ddwyreiniol, y ddau yn synfyfyrio ar hunaniaeth cenedl a'u perthynas â'r hyn maent ei angen er mwyn para i fyw: y dŵr a'r tir. Cyflawna un hyn drwy luniau a'r llall trwy ffuglen.

Sut fath o storïau fyddai gan ben toredig i'w dweud i gymryd sylw ei wrandawyr? Storïau toredig, hanner-byw; rhai â theimlad Francis Bacon iddynt: ffyrnig a chwyrn, gwydn a thymhestlog, llawn toriadau cynhyrfus a gwrthgyferbyniol, llif o storïau brysiog yn bendramwnwgl ddi-drefn cyn iddo golli ei gyfle a cholli ei lais am byth. Onid yw steil *Gwales (Ararat)* yn ffitio i'r dim!? Ond – ai Brân yntau Iwan Bala yw storïwr y darlun?

Trwy bresenoldeb Brân-Ianws, mae Iwan Bala yn datblygu hunan-bellter rhyngddo a'i gynulleidfa. Ymddengys fod y pen storïol yn mabwysiadu rôl dirprwy grëwr neu ddirprwy storïwr. Yn nodweddiadol o lenyddiaeth ôl-fodern, tarfwyd ar y syniad o storïwr dibynadwy – sylfaen stori draddodiadol (Brân-Ianws fel cymeriad Crick yn *Waterland*). Nodweddiadol hefyd yw'r storïwr annibynadwy, a'r ansicrwydd sy'n deillio o bresenoldeb cymeriad ffuglennol fel dirprwy storïwr. Rhaid cofio hefyd mai storïwr dauwynebog sydd gennym. Gall unrhyw stori ddigwydd ar Gwales. Diystyriwch ffydd; diystyriwch reswm a maint wrth ddarllen delweddau'r darlun: mae'r ynys 'fach' yn anghenfil, mae'r awyren 'fawr' yn bitw ac mae daearyddiaeth wedi ei ail-lunio. Falle nad stori gan geg ddynol sydd yma, ond stori gan lais cwbl 'arall' o fyd ffuglen.

Os defnyddia Iwan Bala anghyfarwyddo drwy amharu ar dirwedd draddodiadol (dadwreiddio delweddau a'u hailrefnu) a thrwy hunan-bellter (storïwr annibynadwy ôl-fodernaidd) mae hefyd yn ei ddefnyddio drwy gamddefnyddio amser yn ei waith, drwy ddiffyg llinoledd. Mae naratif ôl-fodern yn gwrthod y llinell syth, y patrwm storïol o achos-ac-effaith, gan ymddiddori, yn hytrach, mewn argyfwng naratif ac amser. Yn y bydysawd ôl-fodern gellir datgysylltu delweddau o'u gwraidd; gall unrhyw beth ddigwydd ar hap, heb reswm. Ansicrwydd yw un peth y gallwch fod yn sicr ohono. A yw hyn yn dechrau swnio fel disgrifiad teg o ddarlun gan Iwan Bala? Mae celf Iwan

Bala yn gofyn cwestiwn ôl-fodernaidd: a yw amser yn mynd mewn llinell syth, fel y bu i ni gymryd yn ganiataol, neu beidio? Nid oes rhaid troi tudalennau ymlaen i weld y dyfodol, fel mewn llyfr. Mantais celf weledol, yn wahanol i lenyddiaeth, yw nad oes cronoleg i gynfas. Mae paradocs amser mewn naratif yn cael ei ddatgelu ar un arwyneb; gorffennol, presennol a dyfodol yn wead â'i gilydd, fel yn y llyfr unigryw, *Chwedl*. Gall Iwan Bala gymryd mantais o nodweddion ei gyfrwng i arddangos y paradocs. Cyflawna'r hyn y mae Salvador Dali yn ei ddangos yn llythrennol: toddi'r cloc. Symuda naratif Iwan Bala ymlaen i'r dyfodol, drwy gronni a chasglu gorffennol (hanesyddol a chwedlonol), gyda'r ddau naratif yn datblygu o flaen ein llygaid ar wyneb y darlun. Yn hyn o beth, mae ei waith celf yn dilyn strwythur naratif nofel dditectif, fel *Waterland*, Graham Swift. Mae presennol stori'r archwiliad yn llwyddo i symud ymlaen, dim ond drwy ail-greu'r gorffennol dipyn wrth dipyn (trosedd mewn achos nofel dditectif) ac felly mae'r ddau naratif yn bodoli yn y presennol, ochr-yn-ochr.

'Mewn stori, does dim gwrthdroad o amser, mae digwyddiadau'n dilyn trefn natur; yn y plot, mae'r awdur yn cyflwyno canlyniadau cyn eu hachosion, y diwedd cyn y dechrau.'[11]

Mae plot a pholemic i'r dewis a'r gwead o ddigwyddiadau ar gynfas Iwan Bala, nid stori yn unig.

Er hyn, wrth esbonio ei waith, dal yn dynn yn theori a phatrwm achos-ac-effaith wna Iwan Bala, gan ddweud fod amser yn 'afon ddi-dorri'.[12] Creda felly ei bod hi'n amhosib camu ddwywaith i mewn i'r afon Heracliteaidd, ond gwelaf ei amser yn cylchdroi fel trobwll ar ei gynfas. Cysyniad yw hyn sydd hefyd yn cael ei archwilio yn naratifau *Waterland*: dŵr yn cynrychioli naratif. Caiff trosiad Heraclitus ei anghyfarwyddo, gan Iwan Bala a Swift. Er diddordeb 'esthetig warcheidiol' mewn llinoledd, ('Custodial Aesthetics in Contemporary Welsh Art' *Certain Welsh Artists*) gwelaf dystiolaeth i'r gwrthwyneb ar y cynfas.

Fel y mae naratifau wedi ymdreiddio i isymwybod yr artist ac i'w waith celf, mae *Gwales (Ararat)* hefyd wedi gwneud y naid rhwng genre o waith celf i waith llên. Mae'r darlun ei hun yn ymddangos yn llyfr Michael Dames, *Taliesin's Travels* lle gwelir

Taliesin – un o gymeriadau mwyaf grymus llenyddiaeth Gymraeg – yn sefyll o flaen y paentiad arbennig yn Eisteddfod Genedlaethol Meirion a'r Cyffiniau. Mae'r gorffennol yn ymweld â'r presennol gymaint ag y mae celf weledol yn ymweld â'r dyfodol. Yno, o flaen y darlun hwn a greuwyd ar ôl ei amser ef yn llinoledd naturiol hanes, mae Taliesin yn ymateb fel y gwnes i yn 1994 o flaen *Mewn Droad (Africa Inverted)*. Dyma ymateb sy'n galluogi'r gwyliwr i weld y tu hwnt i ddisgwyliadau cyfyngedig *genre*, gan fod y darlun yn troi disgwyliadau ar eu pen (os nad yn llythrenol y tro hwn). Hynny yw, mae darlun Iwan Bala yn cyfathrebu â chymeriad sy'n cynrychioli naratif, nid *fel* naratif ond yn *fwy* na geiriau, mwy na naratif, felly.

'Yn gymaint mwy na geiriau, siaradodd y darlun wrth Taliesin.'[13]

'Amgueddfa'r meddwl'[14]

Wedi sôn am Dali yn toddi'r cloc, hoffwn droi'n ôl at ei symbol o hollbresenoldeb amser, y cloc: delwedd syml, amlwg a chryf ond mae iddo sbardun llai mawreddog. Daeth y ddelwedd i Dali un noson mewn breuddwyd am gaws Camembert gwlyb yn toddi yng ngwres Awst. Mae hanes a phrofiad personol yn ymddwyn fel hidl i hanes cyffredinol.

Beth yw 'camembert' Iwan Bala yn y cyswllt hwn ac o ble ddaeth ei symbolau, yn arbennig symbol yr ynys ac ynys Gwales?

Gwelwn yn *Gwales (Ararat)*, falurion a gweddillion chwedlau, y cwbl, fel Arch Noa, fel petaent wedi eu golchi i fyny ar y lan, yna eu casglu. Fel Swift, defnydd eclectig o chwedlau a hanesion amrywiol sydd ganddo: straeon o *'fairy tales'* yn ogystal â *'their own lives'*.[15] Anghynefinant drefn amser a gadael i'r gynulleidfa ailadeiladu trefn linynnol y stori. Dyma sy'n ysgogi cyfathrebu rhwng celf a bywyd. Dyma hefyd yw'r her i'r curadur: gosod gwaith celf ochr yn ochr neu wyneb yn wyneb mewn ffordd sy'n ysgogi teimladau a syniadau newydd. Mae Iwan Bala yn troi at naratif a chreu naratif newydd. Drwy adael i'w symbolau sefyll fel cyfeirnodau i straeon cyfan, mae'r cynfas yn llawn lleisiau a storïau, yn gweiddi am le ac yn mynnu sylw. Mae chwedlau'n tyfu,

Llongau Madog
cyfrwng cymysg ar bapur *26x20cm* 1988

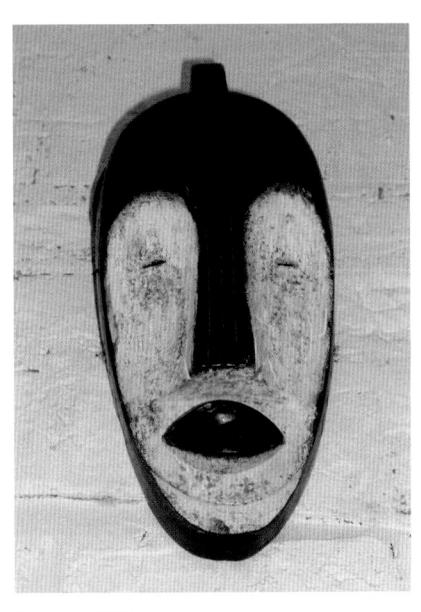

Masg o Affrica
yn stiwdio'r artist

naratif yn parhau. Ni ddylai'r symbolau gwahanol gael eu dadansoddi drwy gyfeirio'n unig at y chwedl bur wreiddiol; pwysicach yw synfyfyrio ar y dull y maent yn egino, datblygu a chael eu trosglwyddo. Artist-cyfarwydd sydd yma, yn gadael ei ôl, nid o'i holl ddiwylliant ond clytwaith ohono wedi ei gasglu o ddarnau.

Mae rhai o'r arddangosfeydd mwyaf ysgogol welais erioed yn fwriadol yn cymysgu gwrthrychau o ddiwylliannau gwahanol: yn ddiweddar, ail-agoriad y Sainsbury Centre for Visual Arts, Norwich yn cynnig cyfosodiadau o ddiwylliannau a chyfnodau gwahanol er mwyn 'ysbrydoli a synnu'.[16] Esbonia Iwan Bala fod y bardd, critig a sylfaenydd y symudiad Swrrealaidd, André Breton, wedi trefnu arddangosfeydd ar yr un trywydd, gan osod celf frodorol Americanaidd ochr yn ochr â phaentiadau modern Ffrainc a gwrthrychau Ynysoedd y Môr Tawel ger rhai gan y ffotograffydd *avant-garde*, Man Ray.

Rwyf wedi clywed, bron hyd syrffed, mai'r addysg orau i awdur yw darllen. Gwir. Ond nid mor aml y clywir mai'r addysg orau i artist yw gweld gweithiau celf eraill. Mae Iwan Bala yn enghraifft o artist nad ydi o fyth wedi gweithio mewn ynys gelfyddydol na deallusol; mae ei stiwdio yn llawn darluniau, llyfrau a chatalogau artistiaid. Mae'n awchu am wybodaeth. Cytuna Iwan Bala â Philip Guston mai'r reddf fwyaf grymus i artist yw gweld ac ymateb.[17] Gwelir dylanwadau celf, hanes gorllewinol a hanes cyntefig yn gymysg, bob amser, yng ngwaith Iwan Bala. Arweiniodd ei chwilfrydedd personol at olrhain hanes celf Cymru, lle darganfu waith David Jones. Teimlodd fod ei ddychymyg ar yr un donfedd, eu bod nhw'u dau yn cael eu tynnu'n reddfol at Gymru, ei mytholeg a'i haenau o ystyron, cof a lledrith, a thrwy hynny fod uniaethu ag artist arall yn rhoi cadarnhad i'w bwrpas, yn gosod dwy droed Iwan Bala ar dir solet fel petai, yn rhoi pŵer iddo. Trawsnewidia ei ddylanwadau ffurfiannol i fod yn waith celf, sy'n frith o ddyfyniadau o weithiau celf a llenyddiaeth, yn frith o 'fenthyciadau'[18] lleol a chenedlaethol. Mae ynys Iwan Bala yn sefyll am *anti*-ynys. Yn eu tro, mae artistiaid eraill wedi benthyca'n hael o gelfyddyd Cymru hefyd, fel Alan Davie a glywodd alwad Ceridwen i wneud synnwyr o'i awch ef am symbol, symbolau yn perthyn i'w synnwyr celfyddyd a chyfathrebu ei hun, yn ei *Ceridwen Enraged* (1954).

Ni ddaw 'camembert' Iwan Bala o ddysgeidiaeth celf a llenyddiaeth yn unig. Fel yn *Waterland*, mae cymysgedd nid yn unig o hanes, ond hefyd ei hanes a'i stori ei hunan. Cyd-ddigwyddiad amser oedd bod gwraig Iwan Bala yn disgwyl baban pan oedd yr artist yn dechrau gweithio ar *Gwales (Ararat)*, a dyma hi'n gweithio ei ffordd o'i isymwybod i eistedd yn falch ar y cynfas, y fam feichiog. Yna, wrth esbonio darluniau arddangosfa Eisteddfod 1997, mae'n cydnabyod 'y daith o'r Bala i ddinas Caerdydd, yn ffigurol a llythrennol, a sbardunodd y gwaith'.[19]

Wrth gyfarfod ag Iwan Bala i drafod y llyfr hwn, dywedodd nad oedd yn gweld toriad rhwng ei waith ysgrifennu a'i waith celf, bod y cwbl yn broses o gasglu syniadau mewn panel, traethawd, *assemblage*, *pictogram*. Y gwahaniaeth mwyaf rhwng y ddau gyfrwng iddo yw bod y gwaith celf yn fynegiant mwy greddfol, ac mai rheswm a dealltwriaeth sy'n arwain yr ysgrifennu – serch hynny bod y naill yn bwydo'r llall. Mae peintio yn dechrau ar gynfas gwag, yn digwydd yn y fan ar lle, ar ddamwain bron, a dyna pryd ymddengys yr ynys, boed hi'n Gwales neu'n siâp Enlli neu benglog. Celf iddo yw medru creu rhywbeth newydd, heb orfodi'r meddwl. Proses o edrych yn ôl yw ysgrifennu; rhywbeth i'w wneud ar ôl y broses greadigol. Ac wrth edrych yn ôl fel hyn, a rhesymegu, bu'n dweud stori arall wrthyf, stori bersonol, llawn rhamant natur, am ymweld â chartref ei rieni ym Morth-y-gest. Cerddodd at y môr liw nos a syllu at y golau ar y gorwel, gan adael i wynt y môr chwythu drosto, gwynt cynnes estron o lefydd pell. Falle fod manylion fel hyn, a phrofiadau hudolus o'r môr a beth bynnag sydd 'allan yna', yn treiddio i mewn i'r isymwybod. Falle ei fod ef, fel ei gyndadau, yn creu naratif am yr hyn sy'n ddirgel ac sydd y tu hwnt i'r gafael. Mae ei brofiadau personol, a'i synnwyr o ramant, mor bwysig â'i ymwybyddiaeth o hanes celf i greu beth y mae'n ei alw'n 'amgueddfa'r meddwl'.[20] Cyniga ei waith ddeuoliaeth: addas felly mai ffigwr dauwynebog sy'n sefyll fel dirprwy iddo y tu mewn i wead y gwaith celf. Addas hefyd yw'r ynys fel man cartref i amgueddfa'r meddwl gan ei bod fel symbol yn cyfuno dwy elfen wrthgyferbyniol: tir a dŵr. Mae'r ddeuoliaeth yn cwmpasu'r personol, a'r hanesyddol-fytholegol. Mae sawl haen i'w dehongli yn nhirwedd a chwedloniaeth Cymru, ac felly hefyd ein dehongliad ni o waith Iwan Bala.

Efallai
cyfrwng cymysg ar bapur Khadi
75x55cm 2004-07

Adlewyrchu Ynys
olew ar gynfas *50x39cm* 2001

Rydym ni, wrth agosáu at waith celf, yn cludo gyda ni ein storïau a'n hatgofion ein hunain, ac yn troi atynt wrth ddeall y darlun.

Hoffwn greu darlun â geiriau yma: yr artist Iwan Bala yn sefyll ar lan môr, un droed ar y traeth a'r droed arall yn cael ei gwlychu gan ddŵr môr. Mae Iwan Bala yn gosod ei hun ar ffin gwrthdaro, ar yr union farc lle cyfarfu un grym ag un arall, dŵr a thir, chwedl a hanes, fel ei Brân-Ianws a'r ffin ddu. Dyma lle caiff ei ysbrydoli. Yno mae posibiliadau iddo. Yn sefyll yno, falle ei fod ef, fel Dali, yn teimlo, 'pan fyddaf yn peintio, mae'r môr yn rhuo,'[21] Anwybyddwch gyd-destun gwreiddiol trosiad Dali; diwedda'r trosiad gan ddweud fod yr holl artistiaid eraill ond yn sblasio yn y bath! Beth bynnag am fynegiant Dali am ei ragoriaeth ei hun, hoffwn roi ffocws ar y ffaith ei fod yn cysylltu creadigrwydd ag egni'r dyfroedd, ac i Iwan Bala, cyflwr o fod ar Gwales yw creadigrwydd. Cyflwr a ddarganfu'r artist ar ôl bod yn Zimbabwe a theimlo ei fod mewn 'limbo'. Yn draddodiadol, cysylltir ynys ag encil, ond nid encilio i ynys o'r byd sydd ohoni wnawn ni yng Ngwales. Dyma dirlun sy'n codi o'r dyfroedd, o ddyfroedd dychymyg yr artist. Yng Nghymru, nid oes tirwedd heb fod iddi hanes neu chwedl i esbonio ei bodolaeth; digwyddiadau a storïau yn siapio'r tir ac enwi lleoedd. Rhoddant naratif ystyr i nodweddion tirwedd. Yma, gwelir casgliad o naratifau o gof ac o brofiad Iwan Bala yn creu ei dirwedd ei hun, tirwedd newydd, nas gwelwyd o'r blaen heblaw yn nychymyg yr artist. Lle sydd yno, i fod yn rhydd i anghyfarwyddo. Yng Ngwales nid oes materoliaeth i orfodi 'ailadrodd fformiwleaidd,'[22] a ddaw yn sgil cynhyrchu nwyddau hawdd eu gwerthu. Yno, gall Iwan Bala weithio fel artist, gall anghyfarwyddo ei hunan â clichés cyfforddus y byd tu hwnt. Er bod lle daearyddol o'r enw Gwales, nid pryd a gwedd tirwedd y lle yw Gwales Iwan Bala. Nid yw'n bwysig nac yn syndod na fu'r artist erioed ar yr ynys. Mae'r ynys i'w chael wrth sefyll ar draeth, mewn stiwdio neu dramor. Arallfyd creadigol yw Gwales.

Ynys yr hanner mynwes
Sy'n rhoi'n y dŵr ei darn o dir [23]

Yn amgylchynu tir ynys, yn anochel, mae dŵr. O brocio'r symbol o ddŵr, mae'n ildio ystyron di-ri. Ystyr wreiddiol y gair 'celf' oedd 'barddoniaeth', 'cerddoriaeth' neu 'grefft' ond hefyd, 'rhedeg' neu 'lifo.' Mae rhyddid a chreadigrwydd celf wedi hir redeg law yn llaw a'r rhinweddau hynny mewn dŵr.

Wrth edrych allan dros y dŵr, mae ffigwr Iwan Bala yn ymwybodol mai o'r dŵr y daw tincian chwedlau, (boed yn Delyn Tegid neu glychau Cantre'r Gwaelod) nid o'r tir. Awgryma Swift fod dŵr yn symbol ffantasi a dychymyg tra bod y tir yn symbol o gadernid ffeithiau hanes:

> 'There are times when we have to disentangle history from fairy-tale. There are times (they come round really quite often) when good dry textbook history takes a plunge into the old swamps of myth and has to be retrieved with empirical fishing lines.'[24]

Yn neuoliaeth safle Iwan Bala ar y ffin, mae'n cadw un droed ar dir cadarn hanes a diwylliant, a'r droed arall mewn ffansi. Fel artistiaid eraill, mae wedi ei ysbrydoli gan hyblygrwydd dŵr, ei brydferthwch, ei berygl a'i bŵer i greu a dad-greu. Mae'n sefyll ar dir solet traddodiad celf o gyfathrebu trwy ddefnyddio symbol o ddŵr: o'r darlunydd Argraffiadol Monet a beintiodd gyfres o beintiadau dŵr, i waith Andre Stitt a'i osodiad *Dŵr*, wedi casglu samplau o ddyfnder Llyn Tryweryn, a chreu ffilm o dan y dŵr. Dyma artistiaid sydd wedi defnyddio'r un symbol, a chodi o'r dyfroedd gyda mynegiant newydd ar gyfer eu hoes eu hunain.

Os mai rheswm a geir mewn tir caled, mae dyhead mewn dŵr. Defnyddia Iwan Bala iaith 'ddyfriog' (pontio, croesi ffiniau, ynysu) i ddisgrifio gwaith gan artistiaid sydd yn ei ysbrydoli tra bydd, wrth sôn am ddiwylliant a hanes, yn sôn am dir a gwreiddiau. Artist o Giwba yw José Bedia sydd yn gwneud i Iwan Bala ddyheu am ymestyn allan dros y dŵr ac ymestyn ei ddychymyg a'i allu ei hun fel artist.

> 'Ffigurau hyderus, sy'n dwyn i gof dduwiau ac ysbrydoedd Affricanaidd, yn llamu dros fynyddoedd ac yn croesi pontydd, yn llusgo cychod, trenau a lorïau…Mae'n ymchwilio i'r syniad o draws-genedlaetholdeb, diwylliant nad yw wedi ei ynysu neu ei foddi gan gyrchoedd o'r tu allan, ond sy'n trawsnewid ei hun trwy feddiannu ac amsugno.'[25]

Wrth ddechrau ar ddarlun newydd, bydd Iwan Bala yn troi at ddeunyddiau cyntefig, priddlyd: sialc, pastel, dŵr. Er mor ansefydlog yr ymddengys deunyddiau o'r math, mae wedi gweld ym mhaentiadau'r San, ar y creigiau yn Ne Affrica, fod y marciau yn dal yno wedi canrifoedd. Paentio y mae Iwan Bala â dau gyfansoddiad ynys, â chymysgedd o ddaear a dŵr; mae'n paentio ar ei gynfas yn llythrennol â hanes a chwedl.

'Beth petawn yn disgyn yn syth trwy ganol y ddaear...ac yn dod allan ar yr ochr arall, lle mae pobl yn cerdded ar ben i waered.'[26]

Pan welir adlewyrchiad tir mewn dŵr, bydd gwyriadau'n digwydd. Dyma ddŵr yn troi'n ddrych. Dyma effaith chwedl ar wir hanes. Defnyddia Iwan Bala ei ddrych i'w lawn bŵer. Gwelir adlewyrchiadau syfrdanol y darlun yn *El Corazon* (tud 12), *Gair*, a *Wele Rith...* pan ymddengys hanner isaf yr ynys, o dan y dŵr, fel calon, fel wyneb, neu fel sgwrs lythrennol mewn swigen sgwrs. Mae Iwan Bala wedi dweud ei fod yn 'peintio yn Gymraeg'[27] ac yma mae tir ynys yn cynnal sgwrs Gymraeg â'i adlewyrchiad ei hun yn y dŵr.

Eicon confensiynol yw drych mewn darlun, o hunanbortread Rembrandt sy'n dangos adlewyrchiad yr artist, yn hytrach na'r artist ei hun, i *Le Bar aux Folies-Bergère* Manet a'i ddefnydd o'r drych i ddrysu a dangos dau bosibilrwydd i'r un olygfa. Cymer Iwan Bala'r confensiwn dyrys o ddefnyddio dŵr fel drych, gan ddangos adlewyrchiad o hanner uchaf y cynfas yn ei hanner isaf. Defnyddia hefyd ddrych cudd. Gwelir dyblu yn y cynfas o'r chwith i'r dde mewn amryw o'i beintiadau. Yn *Gwales (Ararat)* mae'r dyblu dwy law, dau fynydd, dau ben, dwy frest a dwy goes; yn *Chwedl*, tudalennau hafal llyfr. Mae golwg wyllt a gwydn ei ddarluniau yn cael eu tawelu gan eu cyfansoddiadau cytbwys a chadarn. Bron nad oes iddynt awgrym o gyfansoddiad eiconau canoloesol crefyddol oedd yn ystlysu darlun â nifer cytbwys o angylion, cysyniad y Dadeni o geometreg ddwyfol neu gloriannu dyluniadau cnotiog hafal y Celtiaid. Mae rhythm ac odl yn cyfathrebu â lefel ddyfnach yr isymwybod dynol na

Wele Rith...
cyfrwng cymysg ar bapur Khadi
75x55cm 2005

Gair (Ynys y Pen)
cyfrwng cymysg ar bapur Khadi *75x55cm* 2002

delwedd neu frawddeg gyffredin. Â rhythm mae modd cyfathrebu â phant mân di-iaith neu oedolion oedrannus wedi colli eu hiaith.[28] Mae i rythm rym harmoni fel cerddoriaeth. Trwy geisio dyrchafu ei waith a rhoi iddo arwyddocâd ysbrydol, defnyddia Iwan Bala rhythm. Mae'n trawsnewid golwg wyllt y marciau gyda golwg harmonïol rythmig y cynfas.

Gwelir, yn rhythmau gweledol Iwan Bala, syniadau'r Athronydd Ffrengig Henri Bergson mai rhythm yw sail pob profiad esthetig: diwedd gwybodaeth a pharhad teimlad.

> 'The poet is he with whom feelings develop into images and the images themselves into words which translate them while obeying the laws of rhythm…we should never realise these images so strongly without the regular movements of the rhythm by which our soul is lulled into self-forgetfulness and, as in a dream, thinks and sees with the poet.'[29]

The poet: y bardd felly – a dyma Iwan Bala yn newid ei siâp eto, o artist i awdur, i fardd. 'Mae'r broses o greu darlun, o greu celf,' mae'n dweud, 'i mi yn debyg i greu darn o farddoniaeth.'[30] Gall rhai cerddorion weld cerddoriaeth mewn lliwiau; ymddengys fod Iwan Bala yn gweld celf drwy sain. Ar un llaw, mae ei ddarluniau yn gynghanedd weledol, fel J. D. Fergusson a ddarganfu 'fynegiant o beth gwir Geltaidd'[31] drwy 'symudiadau rhythm' Bergson. Ar y nail law, pwrpas barddoniaeth sydd bwysicach i Iwan Bala, nid y sain. Mae'n defnyddio symbolau, fel bardd, i greu delweddau eraill yn y meddwl. Geiriau Cymraeg neu o wledydd fel Catalonia, Ciwba neu Sbaen sy'n apelio ato, gwledydd y mae'n eu disgrifio fel rhai sydd ag iaith yn meddiannu synnwyr rhamant, sydd, yn eu mynegiant, yn apelio iddo fel Cymro gan fod iddynt yr un defnydd o drosiadau barddonol sy'n gynhenid i'r Cymry ('disquieting moments of metaphor,' y Cymry yn ôl James Morris, 1958[32]). Trwy fynegiant barddonol, gall ail-ffurfio delwedd Gymreig anghyffredin a ffres. Gall droi yn ôl at ei famwlad drwy drosiadau barddonol. Dyfynna yn helaeth yn uniongyrchol o farddoniaeth Gymraeg, ond gwelir hefyd bod ei ddewis o symbolau, fel geiriau

Barddoniaeth
cyfrwng cymysg ar bapur Khadi
75x55cm 2002

barddoniaeth, yn amlygu delweddau lu ym meddwl y gwyliwr, a bod y delweddau hynny yn cael eu cludo i ddychymug y gwyliwr ar rhythm ac odl synhwyrol ei farciau.

Yn ôl felly at y drych yn y darlun a'r syniad o gael ein 'cludo' i le dychmygol yr artist/bardd/awdur. Beth arall wna'r dŵr-ddrych fel symbol ond ein hatgoffa o enghreifftiau tebyg mewn llenyddiaeth a diwylliant poblogaidd? Yn enwog: Alis yn ei *Wonderland*. Gwales-Wonderland: disgrifiad i'r dim. Pe bai Alis yn ymddangos ym myd eclectig, afresymegol, digrif ar dro, swrreal Iwan Bala, dychmygaf y byddai'n teimlo'n gartrefol iawn. Ar yr olwg gyntaf, ymddengys ynysoedd Iwan Bala yn wallgof ac anghenfilaidd. Nid ydynt yn lleoedd cyfarwydd. Teimlwn ein bod yn edrych ar fyd gwahanol, swrreal. Awn drwy'r dyfroedd newidiol; cawn drawsnewid ein hunain, fel Alis, ac i mewn â ni, os ydym yn ddigon dewr, i'r byd y tu hwnt dros y ffin a thrwy'r drych.

Os yw'r Gwales mytholegol yn encil i arwyr o filwyr, a Gwales Iwan Bala yn encil i'r artist, yno hefyd, efallai, mae arwyr llenyddol ac artistig Iwan Bala: Dylan Thomas, Ceri Richards, David Jones. Gwelir ôl a dylanwad yr arwyr hyn, beth bynnag. Fel arall-fyd, gall fod yn fwy na byd hud. Gall fod yn lle-rhwng-lle, yn fath o burdan. Mae llu o ddiwylliannau yn meddiannu syniad o fyd cyfochrog: trigolion y Gymru gyntefig yn rhoi anrhegion o fwyd i'r tlodion dros arch y corf a'r tlodion yn rhoi blodau fel diolch, er mwyn sicrhau taith ddiogel y corff i'r arallfyd; tylwyth yr Haida Gwaii ger Vancouver yn coelio fod y meirw yn byw mewn pentrefi ysbrydol ac yn gorfod derbyn anrhegion o'r byd hwn er mwyn teithio yno'n ddiogel. Ym mhob achos, marwolaeth sy'n dechrau'r daith ac, yn aml, bydd Iwan Bala wedi gosod cwch (fel cychod angladdol y Llychlynwyr gynt) i'n cludo i fyd y duwiau a'r ysbrydion y tu hwnt i'r drych/dŵr trosiadol. Gwales yw mamwlad chwedlau a storïau.

'Mapiau'n datgelu'r gwir, mapiau'n datgelu celwydd; mapiau'n datgelu gwirionedd na chawsant mo'u dylunio i ddangos.'[33]

Wedi dweud nad yw Gwales Iwan Bala o'r byd hwn, nad yr union ynys ar arfordir Sir Benfro yw hi, hoffwn drafod yr hyn nad yw, ar un olwg, yn berthnasol iddi: mapiau.

Afal du (ar ôl Ceri Richards)
cyfrwng cymysg ar bapur Khadi
75x55cm 2002

Rwyf am eich gorfodi yn ôl y tro hwn, nid trwy amser ond drwy bortwll dychymyg Iwan Bala, dros y rhiniog ac yn ôl i realaeth.

Yma, mae Cymru a byd yr unfed ganrif ar hugain yn byw yng nghysgod 9/11. Yn ystod Blitz Llundain, gwyliodd y cerflunydd Henry Moore bobl yn gorwedd a chysgu ar lawr yr *Underground* a sylwodd fod yr hyn a welai fel arddangosfa o'i gerfluniau ei hun. Yn lle bod bywyd yn ysbrydoli celf, cafodd y berthynas rhwng y ddau ei throsi fel bod celf i'w gweld mewn bywyd. Gwelodd Iwan Bala, hefyd, olion ei ynys ef ar ymweliad ag Efrog Newydd; gwelodd arwyddocâd newydd i'r symbol. Gwelodd debygrwydd rhwng cyflwr meddwl saith milwr Gwales, fu angen storïau er mwyn lladd y presennol dychrynllyd, a'r cyflwr meddwl oedd ei angen er mwyn wynebu *Ground Zero*. Trawsblannodd ei symbol i sefyllfa a naratif gwahanol. Yn sgil hynny, mae ei symbol o'r ynys yn parhau ac yn datblygu i fod â dimensiwn newydd. Daeth symbol yr ynys ddiweddar yn ei baentiadau i fod yn fwy o fap y byd nac yn fap o Gymru. Haws yw deall y genedl fechan yng nghyswllt ansicrwydd y byd. Er mwyn goresgyn gwir anawsterau, rhaid cael Gwales. Rhaid cael stori. Daw ynysoedd cynnar Iwan Bala i ddwyn arwyddocâd newydd gan achlysur nad oedd wedi digwydd pan gafodd y ddelwedd ei chreu. Peth llithrig yw amser. Ymddengys bod modd camu ddwywaith i mewn i'r afon, wedi'r cwbl. Yn 1944 ysgrifennodd David Jones:

> 'It is then against the backround of a global machine culture that any contemporary or future feeling for [the plastic forms of visual culture] must be seen...any 'Welshness' expressed in plastic form of any description whatsoever has now and will have in the future...to maintain itself against this megalopolitan backround and will have to resolve the same extremely difficut problems which confront the 'arts' all over the world.'[34]

Mae Iwan Bala yn ymateb, fel yr artist David Jones, i ddylanwad anochel y byd tu hwnt i Gwales, ac yn ymateb iddo fel drych afluniedig, gyda Gwales ei hun. Araf fu artistiaid y byd i ymateb i 9/11, fel petaent wedi encilio i Gwales y meddwl mewn sioc. Dipyn wrth dipyn gwelwyd dramâu David Hare, *Stuff Happens* a *The Vertical Hour*, ffilmiau

United 93 a *World Trade Centre* ond tawelach fu pethau ym myd celf weledol, er i Xu Bing ennill Artes Mundi 2004 â gosodiad yn cynnwys llwch o *Ground Zero*.

Er amherthnasedd mapiau i Gwales y meddwl, daw symbol o ynysoedd Iwan Bala i fod yn symbolau o fapiau, o declynnau rhyfel, teclynnau pŵer. Mynegodd mudiad artistig y Swrrealwyr eu dymuniadau am bŵer trwy *Map o'r byd yng nghyfnod y Swrrealwyr*, oedd yn mawrhau gwledydd yr addewid megis Mecsico a Haiti wrth ddileu UDA a'r rhan fwyaf o Ewrop. Yn draddodiadol, yr hwn sy'n dal pensil i ddylunio map sy'n dal pŵer gwleidyddol a diwylliannol dros y bobl o fewn y llinellau hynny. Yn ddiweddar, gwelwyd artistiaid eraill hefyd yn meddiannu symbolau blinedig teclynnau rhyfel er mwyn eu anghynefino a'u defnyddio yn eu gwaith. Dadorchuddiwyd gwaith gan Yinka Shonibare yng Ngerddi Jubilee, Llundain ym mis Ionawr 2007: baner wen ar hanner yr hwylbren. Dywedir bod y faner yn drosiad o amhosibilrwydd heddwch. Mae'n symbol o ryfel, o ildio neu o farwolaeth. Y faner yw'r ddelwedd a ddefnyddia Gilbert a George hefyd yn eu harddangosfa ôl-syllol, yn y Tate Modern, Chwefror 2006, yn ymdrin â bomiau Llundain, Gorffennaf 7, 2005.

Gellir gweld nodweddion delwedd yr ynys fel 'dameg' am ôl-wladychiaeth, am ddadeni ac ailenedigaeth genedlaethol drwy burdeb dŵr. Mae dŵr, tir ac ynys yn ddelweddau sy'n atsain yng ngof cymdeithasau gwarcheidiol megis cymunedau arfordir gorllewinol yr UDA:

'Mae celf Orllewinol yn dechrau gyda'r ffigwr – mae celf yr Arfordir Orllewinol yn dechrau gyda'r cwch.'³⁵

Ond yr hyn sydd yma hefyd yw storïwr ôl-fodern yn sefyll ar Gwales, neu'n syllu ar Gwales (o'r tu mewn neu'r tu allan), yn ymateb i storïau gwreiddiol Gwales yn ogystal â rhai dychrynllyd y presennol. Wedi holl deithio Iwan Bala, diolch i'r awyrennau pitw yna fel pryfed mân ar ei gynfasau, mae'n gweld nid Cymru, ond y ddaear, yn dal i ymddangos fel ynys iddo.

Nid eiliad a gymerir i edrych ar waith celf gan Iwan Bala gan ei fod yn ymwybodol o'r byd sydd wrth eich cefn. Mae mwy o waith troi tudalennau i'w wneud wrth edrych ar

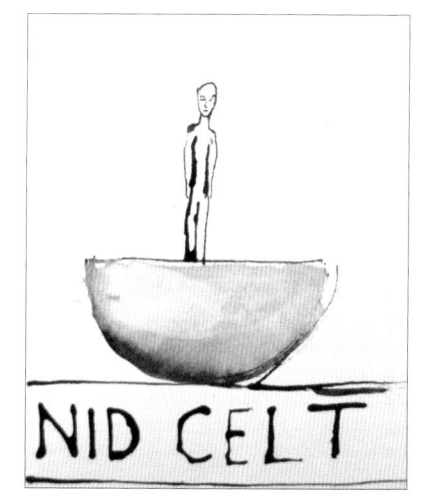

Nid Celt
inc ar bapur Khadi
24x19cm 2007

ddarlun ganddo, i ystyried haenau ystyr y gwaith. Yn wyneb y ffaith fod y gorffennol yn llifo i'r dyfodol, a'r dyfodol yn ei dro yn llifo i'r gorffennol, y cwbl yn troelli amdanom fel môr am ynys, tybed a yw'n bosib cynnig hen gymal storïol gyfarwydd i ddiweddu'r stori hon? Hapus Byth Wedyn? Efallai ddim. Mae genedigaeth, ail-greu ac effaith puro dŵr yng ngwaith Iwan Bala; mae delweddau chwareus a rhywiol, ond na, nid Hapus Byth Wedyn, nid heb ei droi ar ei ben a rhoi cric yn y gwddf yn gyntaf.

1. Iwan Bala yn dyfynnu Philip Guston: www.welshartsarchive.org.uk/iwan_bala3.htm
2. Franz Kafka: llythyr at Oskar Pollack, Ionawr 27 1904
3. www.welshartsarchive.org.uk/iwan_bala3.htm
4. *Ibid*
5. Iwan Bala: 'Gair am gelf' yn *Taliesin* 122 t76
6. Franz Kafka *op cit*
7. www.welshartsarchive.org.uk/iwan_bala3.htm
8. *Ibid*
9. Graham Swift: *Waterland* (Picador) t7
10. Iwan Bala: *Here and Now: Essays on Contemporary Art in Wales*, (Seren) 2003 t175
11. Tzvetan Todorov: 'The Typology of Detective Fiction' yn T*he Poetics of Prose* (1977) t140
12. Iwan Bala: *op cit*
13. Michael Dames: *Taliesin's Travels a demi-god at large*. Heart of Albion Press, t209
14. www.welshartsarchive.org.uk/iwan_bala3.htm
15. Graham Swift: *op cit* t7
16. www.scva.org.uk
17. www.welshartsarchive.org.uk/iwan_bala3.htm
18. Iwan Bala: *op cit*
19. Catalog Arddangosfa Celf a Chrefft Eisteddfod Genedlaethol Meirion a'r Cyffiniau 1997, t10
20. www.welshartsarchive.org.uk/iwan_bala3.htm
21. Salvador Dali (1904 – 1989)
22. Iwan Bala: *op cit*
23. Mererid Hopwood: 'Gorwel' yn 'Gair am Gelf' gan Iwan Bala *Taliesin* 122 t73
24. Graham Swift: *op cit* t86
25. www.welshartsarchive.org.uk/iwan_bala3.htm
26. LewisCarroll: *Alice's Adventures in Wonderland and Through the Looking Glass* (Pumell 1975) p116-p117
27. Iwan Bala: 'Gair am gelf' yn *Taliesin* 122 t90
28. Dame Gillian Breer: *Woman's Hour* 16 Ionawr 2007 a darlith flynyddol y Poetry Society 'Rhyming as Intimacy, Rhyming as Radicalism'.
29. Henri Bergson: *Time and Free Will*, ed and trans E L Pogson (London 1959) t15
30. Cyfweliad ag Iwan Bala
31. Duncan MacMillan: *Scottish Art 1460 – 1990* (Mainstream Publishing Company) 1990 t324
32. James Morris: 'Welshness in Wales' *Wales* Medi 1958, t15
33. John Barnie: 'Maps' *Planet* 179 t3
34. Mel Gooding yn dyfynnu David Jones yn rhagair *Here and Now: Essays on Contemporary Art in Wales*, Iwan Bala (Seren) 2003 t9
35. Doris Shadbold: *Bill Reid*, (Vancouver/Toronto/Seatle 1986) t112

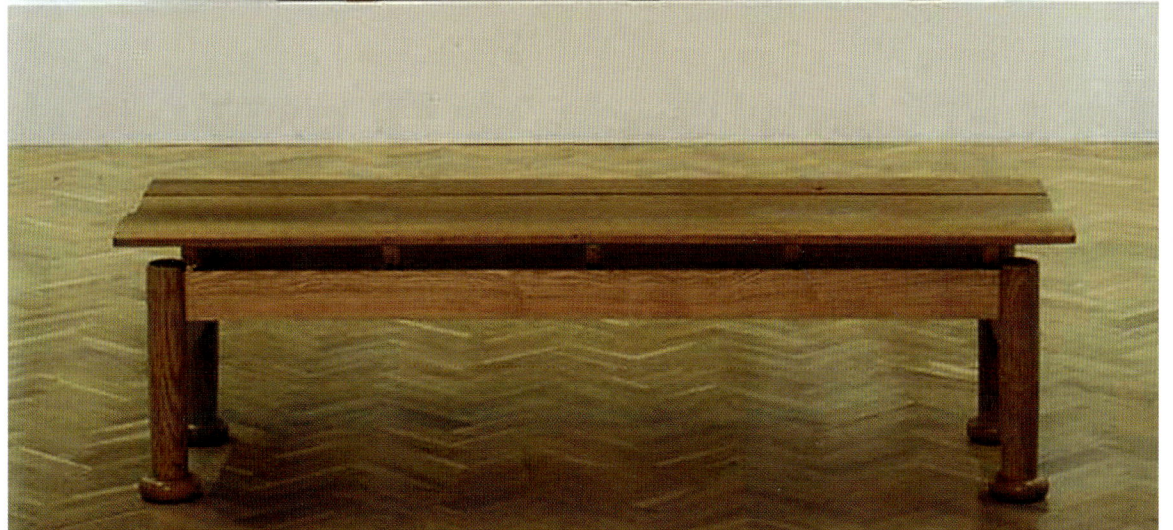

Ceri + Dylan yn Ys
cydosodiad cyfrwng cymysg,
(yn Amgueddfa Cymru, Caerdydd)
250x300cm 2003

Gwales
Twm Morys

Holi un o'r Seithwyr wrth ymadael â'r llys yng Ngwales ym mhen y pedwar ugain mlynedd...

Interview with one of the Grassholm Seven on their release after 80 years...

Sut le oedd ar yr ynys? Roedd hi'r un fath â chael ein carcharu ym Mharadwys!

What was it like on the island? To tell you the truth, it was just like being in Wales, but more intimate.

Bendigeidfran? Wel, dyn difyr tu hwnt oedd y Brawd Mawr am blwc, wrth reswm; y storïwr gorau glywsom ni erioed. Ond mae pen draw i awen y storïwr gorau. 'Glywsoch chi honno, hogia, amdanaf i yn cael hyd i dair carreg yn fy esgid un bore, sef Cadair Idris, Y Cnicht, a'r Wyddfa?' 'Do, Ben!' 'Glywsoch chi honno amdanaf i yn cysgu a'm pen yn Sir Fôn a'm traed yn Sir Drefaldwyn?' 'A'ch tin yn y Bala. Do, Ben!' Hwyr glas inni ei gladdu o mewn lle pell iawn.

Brân was a blessing! In eighty years, I never saw him lose his head. We had the pleasure of hearing more than once his talks on the geology and geography of Wales. A wonderful speaker. He's asked to be buried in London.

Pam agorodd Heilyn y drws... Dywedwch wrth hogyn chwil am beidio â gwneud rhywbeth, ac mae o'n siŵr o'i wneud. 'Cywilydd ar fy marf,' meddai, 'os nad agoraf y drws' – fel tasai wnelo'r peth â bod yn ddyn. Bod yn ddyn o ddiawl. Bron â marw o chwilfrydedd roedd o. Y coc oen!

Why did Heilyn open the door... Tell a young fellow with a bit of spirit in him not to do something, and he's sure to do it. 'Shame on my beard,' he said, 'if I don't open the door.' It was all to do with being a man. He disobeyed orders, but where would we be now if he hadn't? Brave, impetuous boy!

Mi fydden ni i gyd o bryd i'w gilydd yn sbecian drwy gil llygad ar y drws, heb ddweud gair wrth neb. Hwyrach bod mymryn o gywilydd arnom – dynion yn eu man, yn greithiau Gwyddelig drosom, yn eistedd yn llywaeth cyhyd, heb fynnu cael gwybod pam nad oedd gynnon ni hawl i agor rhyw ddrws! Ond wedyn roedd hi'n wleddast bob dydd, on'd oedd? Yn gyfeddach bob nos. A welsoch chi erioed genod Rio de Janeiro? Glywsoch chi nhw? Rhai felly oedd Adar Rhiannon.

We all glanced at the door from time to time. But we were grown men, just come from the Irish war. We were used to discipline, duty and patience. We let the door be, drank a little wine, and listened to the entertainment, which was a little long, but quite pleasant, if you like that sort of thing.

Sut deimlad ydi dod allan ar ôl cyhyd? Sut deimlad ydach chi'n feddwl ydi o? Sut deimlad ydi cael eich llusgo o ganol y parti mwya' difyr fuo erioed, a chael pedwar ugain mlynedd o fil? A dydi ein bod ni heb heneiddio dim yn gysur o fath yn y byd: mae oes hir o'n blaenau i dalu.

How does it feel to come out after so long? Eighty years they tell me! Well, it's high time we all took up our responsibilities again in the real world. And as we don't seem to have aged at all, we can look forward to many years of usefulness.

Fy nghyngor i ydi hyn: os gwelwch ddrws a'r geiriau 'DIM MYNEDIAD' wedi eu sgrifennu arno, peidiwch â'i agor o!

If I have any advice after the ordeal, it is that it is wise to keep ahead, and that a door is not a door if it's ajar.

Ffurf fy ngWlad

Mae traddodiad yn bodoli mewn celf ôl-drefedigaethol o geisio ailfeddiannu map y wlad. Ymgais i gymryd yn ôl y peth a gollwyd, neu i greu o'r llinellau a orfodwyd ar y wlad gan y concwerwyr, ddelwedd fwy cytûn â'r sefyllfa newydd. Yng Nghymru, yn y ganrif ddiwetha', dechreuodd y diweddar Paul Davies ar y dasg honno, ac er cof amdano y dechreuais innau greu'r gyfres 'Hon, Ffurf fy Ngwlad'. Fy niweddariad i oedd ceisio cyfleu merch ifanc yn llamu, yn hytrach na hen wreigan y bedwaredd ganrif ar bymtheg, Dame Wales, neu 'fapiau sbwriel' Paul Davies.

Yn 2004 cyhoeddwyd cyfrol o farddoniaeth Tony Conran dan y teitl *The Shape of My Country* ac ar y clawr roedd delwedd o eiddo Paul Davies, un o nifer a wnaeth wedi eu hysbrydoli gan y map o Gymru. Ymysg y casgliad o gerddi mae un wedi ei chyfansoddi er mawl i waith yr artist. Mae'r gyfres o beintiadau a enwais yn 'Hon' yn ail-ymweld â'r thema o fapio Cymru, gan roi amlinelliad daearyddol a ffurf anthropomorffaidd i Gymru. Mae dylanwad gwaith Paul Davies a Grŵp Beca yn amlwg ar y gyfres ond mae hefyd yn ein hatgoffa o'r cartŵnau dychanol a gyhoeddwyd yn y bedwaredd ganrif ar bymtheg, yn enwedig y portread o *Dame Wales*. Mae'r syniad hefyd yn ein cyfeirio at y modd y gwelir Cymru fel merch, ar ôl canrifoedd o goloneiddio, ac efallai hefyd oherwydd y chwedloniaeth am ddiwylliant matriarchiaidd cynnar. Oes aur y Celtiberiad

Hon (I)
inc India ar banel,
30x30cm 2004

Hon (II)
cyfrwng cymysg ar gynfas,
55x40cm 2004

Hon

Hon
cyfres o ddeugain darlun, cyfrwng cymysg ar bapur Khadi *75x55cm* 2004-05

tybed? Cychwynnais y gyfres pan oeddwn yn ysgrifennu traethawd i gyhoeddiad gan Wasg Prifysgol Cymru, *Postcolonial Wales*. Unwaith y dechreuais, llifodd rhes ohonynt: menywod yn llamu'n rhydd tuag at hunaniaeth newydd. Mae dros ddeg ar hugain ohonynt erbyn hyn a chwech ar glawr y llyfr hwnnw. Mae gan bob un ei chymeriad ei hun; pob un yn cyflwyno agwedd wahanol o hunaniaeth Cymru a'r Cymry yn y ganrif newydd sydd ohoni.

Mae brawddeg T. H. Parry-Williams; 'Duw a'm gwaredo, ni allaf ddianc rhag hon' yn fy nilyn. Fel y dywed yr artist o Dde Affrica, William Kentridge; '*I failed to escape from this place*': mae yno'n byw o hyd, yn gorfforol ac yn ei ddychymyg. Yn y gwaith celf mae'n debyg mai'r 'consỳrn' hyn am famwlad, iaith a diwylliant a drosglwyddwyd i mi o'm cefndir, sydd yn mynu llwyfan. Tybed a fedrwn ddianc i dir arall o drafodaeth… Tybed a fedrwn drafod tirwedd arall yn y gwaith, pe cawn fwy o amser yn y stiwdio?

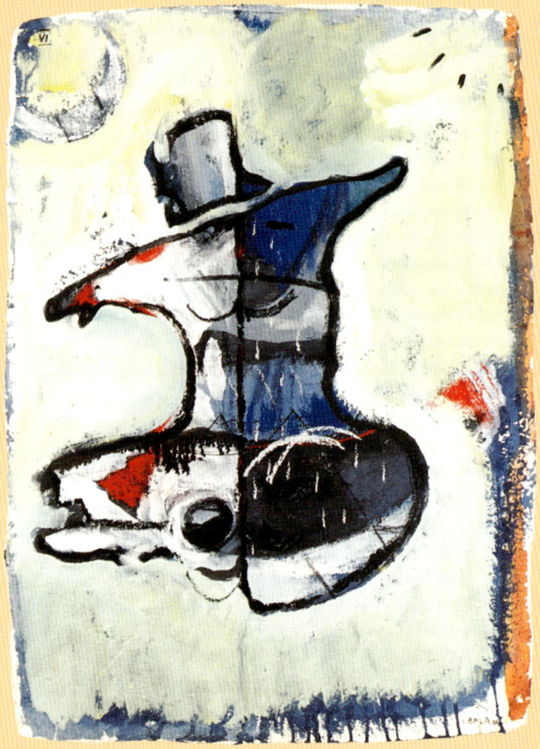

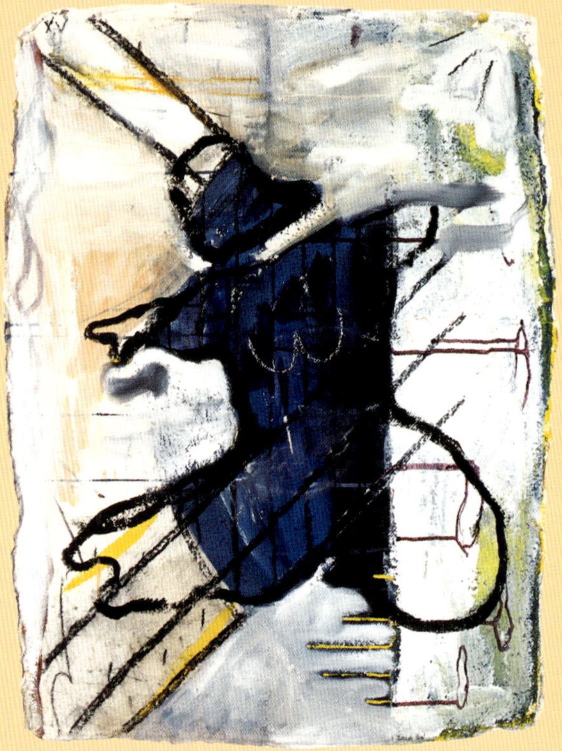

129

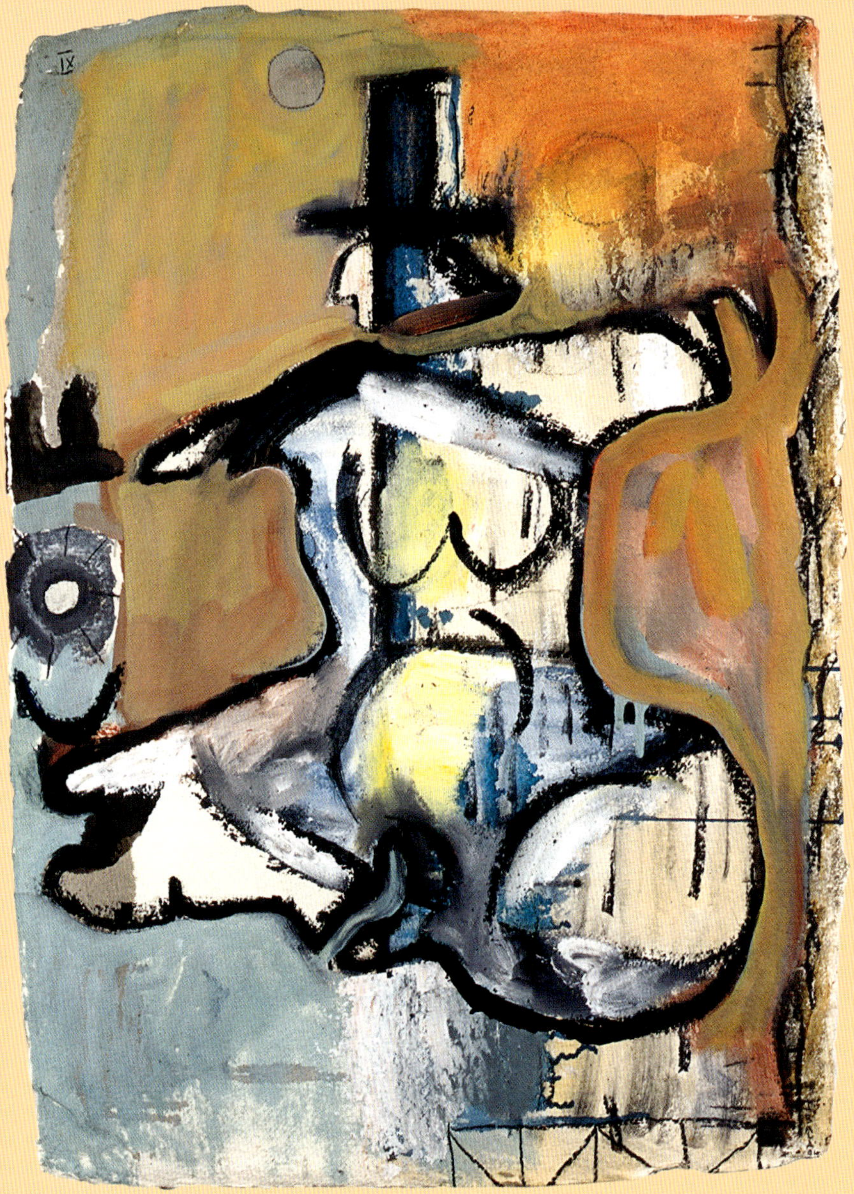

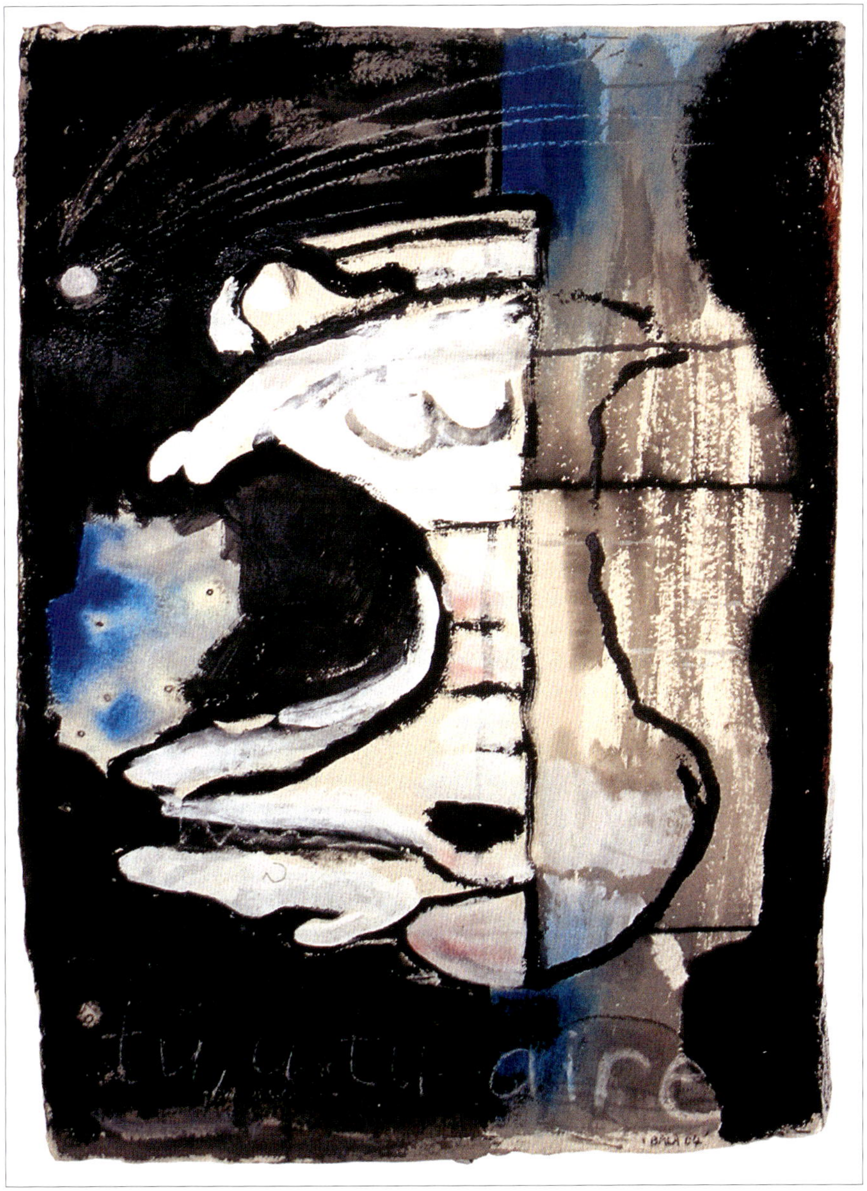

Hon

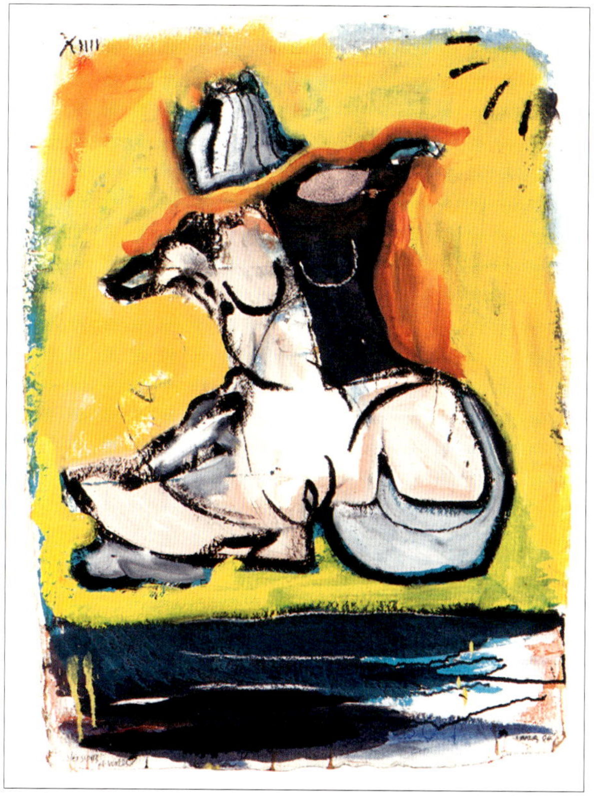
XIII

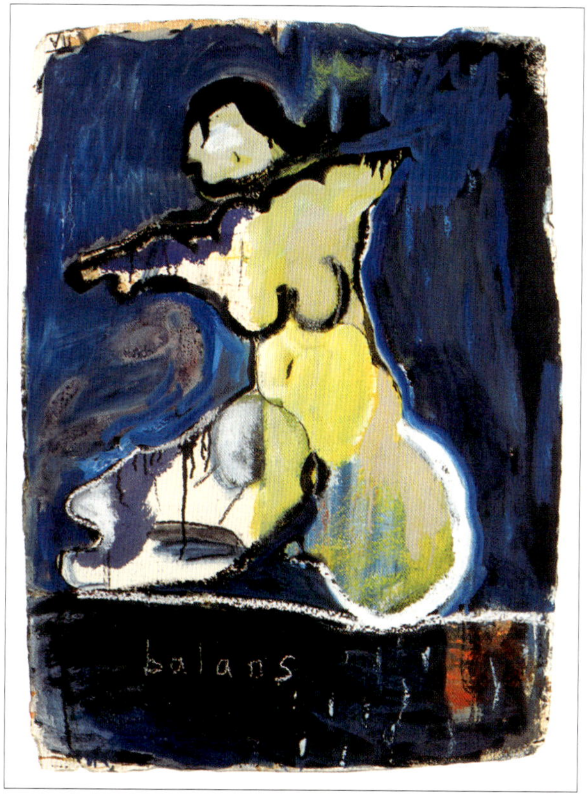
balans

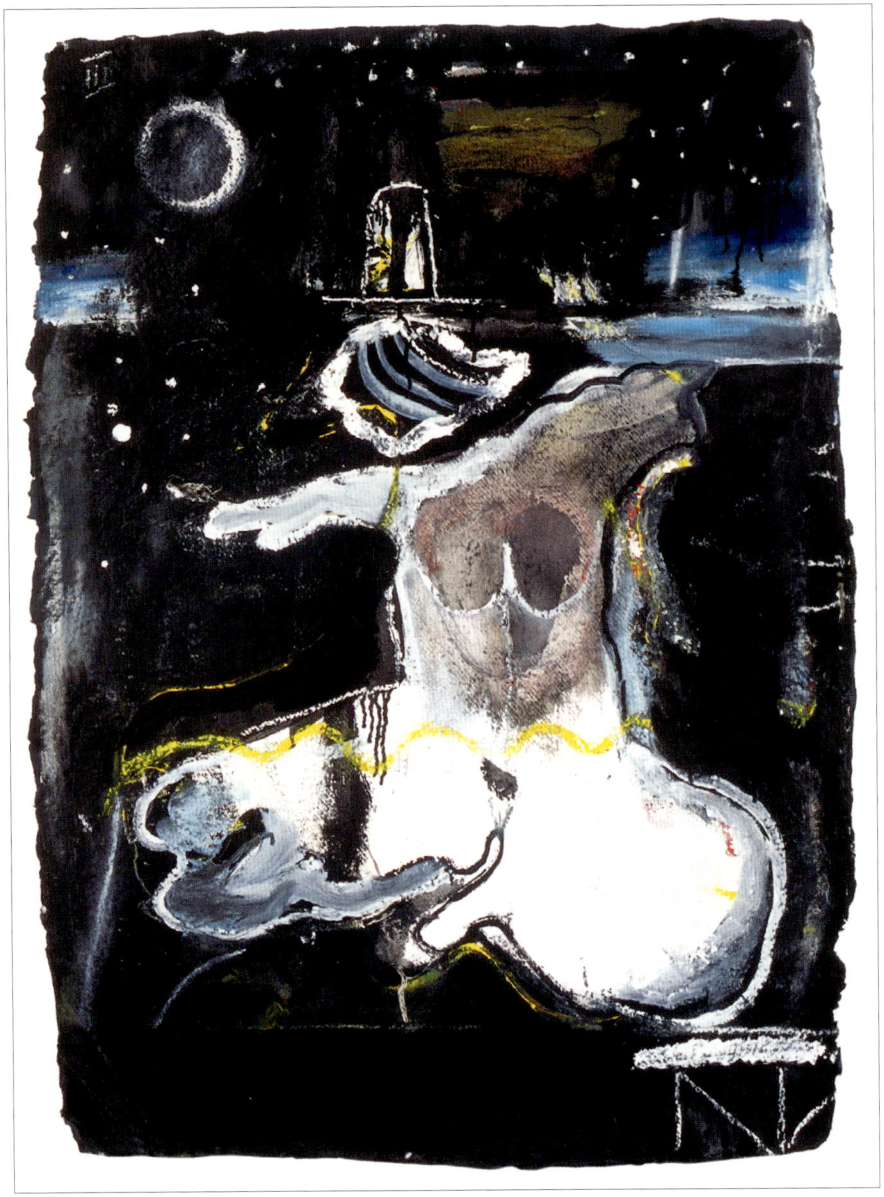

135

Efallai mai esgus yw'r holl siarad am Gwales, yr holl athronyddu; esgus i mi gael rhai oriau yn y stiwdio yn creu lluniau yn ddidramgwydd; esgus i ddianc rhag cyfrifoldebau gwraig a phlant; esgus i greu delweddau fel y gwnawn pan oeddwn yn blentyn ac yn fy arddegau, yn fy lloft, yn y garafàn, ymhell bell i ffwrdd mewn gwlad arall o bapur lapio brown, am oriau bwy gilydd. Yn yr achos hwn, efallai mai esgus ydyw i roi'r lluniau hyn at ei gilydd yn y gyfrol hon, a'u clymu o fewn parsel rhwydwaith barddonol a storïol y Mabinogi, yn ogystal â diweddariadau fy nghyfeillion. Os esgus ydyw, mae'n well esgus na chael y lluniau yn gefndir i stori bywyd a gyrfa yr artist, a mwy diddorol bid siŵr. Wrth feddwl am y peth, mae'n dod yn fwy amlwg i mi fy mod wedi treulio rhan helaeth fy mywyd ar ynys Gwales. Wrth ddweud hynny, hoffwn feddwl mai celf brotest yw fy ngwaith – ymgais efallai i roi siâp a llun i straeon Pen Brân; celf sy'n efelychu rhinweddau'r pethau yr ydym ar fin eu colli trwy golli diwylliannau lleiafrifol. Nid cenedlaetholdeb gul mo'r sbardun, fel y tybia llawer, ond celf sy'n gwneud safiad yn erbyn cydymffurfiaith Eingl-Americanaidd, y 'globaleiddio' sy'n ddim byd mwy na sathru ar bopeth gwahanol, gwreiddiol. Rwy'n sylweddoli o wneud gwaith fel hyn, nad yw ei apêl yn eang. Rwyf hefyd yn sicr mai yma yng Nghymru y mae fy lle priodol i weithio, er bod y farchnad a'r cyfleoedd yn well mewn llefydd erail.

Dywedir bod celf weledol yn ddi-iaith, goruwch iaith. Wrth gwrs, fel popeth arall, mae hi yn iaith iddi hi ei hun sydd yn trosi ffiniau (er bod y darlleniadau ohoni yn medru newid o le i le ar hyn o bryd; llai tebygol fydd hyn wrth i bawb weld y byd trwy lygaid Americanaidd). Iaith yw celfyddyd, iaith sydd ynghlwm yn y dychymyg dynol fel pob iaith arall, ac un sy'n newid ac addasu, cydymffurfio neu herio yn ôl galwadau'r dydd a meddylfryd yr artist unigol a llwythol. Er y ffaith fod celf yn agored i bawb, dim ots am ei hiaith na'i daliadau, mae hi'n dod yn amlwg i mi erbyn hyn, mai peintio yn Gymraeg yr ydw i'n ei wneud.

Mae'r Ynys ar y Gorwel o hyd.

Carneddog a Catrin
llun gan Geoff Charles

Trwy ganiatâd Llyfrgell Genedlaethol Cymru

Gadael
cyfrwng cymysg ar bapur *56x76cm* 1998

Cyfranwyr...

Siân Melangell Dafydd
Merch o'r Bala yw Siân Melangell Dafydd. Graddiodd mewn Hanes Celfyddyd o Brifysgol St Andrews cyn gweithio mewn orielau megis Flowers East, Llundain a Pharc Cerfluniau Sol, Toscano yn yr Eidal cyn dod yn Rheolwr Marchnata i gwmni ysgrifennu Sgript Cymru yng Nghaerdydd. Dychwelodd i'r brifysgol yn 2005 i ddilyn cwrs MA mewn Ysgrifennu Creadigol ym Mhrifysgol East Anglia. Mae wedi cyhoeddi amrywiaeth o erthyglau a ffuglen yn Gymraeg a Saesneg mewn antholegau a chylchgronau.

Monas Heiroglyphica Dr John Dee
inc ar bapur Khadi *15x12cm* 2007

Sioned Davies
Athro'r Gymraeg ym Mhrifysgol Caerdydd yw Sioned Davies. Y mae'n arbenigwraig ryngwladol ar Bedair Cainc y Mabinogi a chyhoeddodd yn helaeth yn y maes; ei diddordeb arbennig yw'r cydberthynas rhwng y llafar a'r llenyddol yn y chwedlau. Cyhoeddwyd ei chyfieithiad Saesneg penigamp o'r chwedlau canoloesol Cymraeg, *The Mabinogion*, gan Wasg Prifysgol Rhydychen yn 2007. Mae gwreiddiau Sioned yn ddwfn yn Sir Drefaldwyn.

Jon Gower
Mae Jon yn byw yng Nghaerdydd, gyda'i wraig Sarah a'i ferch fach Elena, ble mae'n gweithio fel cynhyrchydd i gwmni Boomerang. Mae'n olygydd pedwar llyfr ac yn awdur un casgliad o straeon byrion, cyfrol deithio am ynys sy'n diflannu ym Mae Chesapeake yn America a hanes y pentre ble cafodd ei fagu, sef Pwll, Llanelli.

Mererid Hopwood
Wedi ei magu yng Nghaerdydd a'i gwreiddiau yn Sir Benfro, mae Mererid yn byw nawr yng Nghaerfyrddin gyda'i gŵr a'u plant. Ar ôl astudio yn Aberystwyth a Llundain bu'n darlithio yn Adran Almaeneg y Brifysgol yn Abertawe cyn ymuno â Chyngor y Celfyddydau yn swyddfa'r Canolbarth a'r Gorllewin. Mae hi nawr yn gweithio yn ôl yn y Brifysgol ond hefyd yn dysgu Sbaeneg, rhan amser, yn Ysgol Gyfun Gymraeg Bro Myrddin. Ei phrif ddiddordeb yn ei hamser hamdden yw ymwneud â llenyddiaeth. Mae wedi ennill cadair a choron yr Eisteddfod Genedlaethol.

Iwan Llwyd

O Garno, Powys; addysgwyd yn Ysgol Friars, Bangor a Choleg Prifysgol Cymru, Aberystwyth. Enillodd Goron Eisteddfod Genedlaethol Cwm Rhymni 1990 am ei gasgliad 'Gwreichion'. Enillodd ei gyfrol *Dan Ddylanwad*, wobr Llyfr y Flwyddyn Cyngor y Celfyddydau yn 1997. Mae tair cyfres deledu wedi eu cynhyrchu o'i waith ac yn 1999 fe'i comisiynwyd ef a'r cerddor Pwyll ap Siôn i gyfansoddi *Gwydion a'r Alarch*, i ddathlu dau gan mlwyddiant y llenor Rwsiaidd, Pushkin. Cafodd ei ddrama newydd, *Mae gynnon ni hawl ar y sêr...* ei pherfformio ym mis Mawrth 2007, ac fe gyhoeddir cyfrol newydd o'i gerddi yn ystod haf 2007.

Ar hyn o bryd, mae wrthi'n crwydro arfordir Cymru ar gyfer cyfrol ar y cyd â'r artist Aled Rhys Hughes, o'r enw *Rhyw Deid yn Dod Miwn* a gyhoeddir yn 2008.

John Meirion Morris

Cafodd ei eni yn Llanuwchllyn, ardal ddiwylliannol gref. O 1954 hyd 1961 derbyniodd addysg celf yn Lerpwl, yn y traddodiad clasurol. Am ran helaeth o'i oes bu'n darlithio yn Lloegr, Ghana a Chymru. Yn 2002 cyhoeddodd lyfr, sef *Y Weledigaeth Geltaidd*.

Fel cerflunydd, bu'r profiad o fynd i Ghana yn un chwyldroadol iddo. Yno, gwelodd pa mor rymus y gallai delweddau'r meddwl fod ar ffurf cerflun. Ers hynny, delweddau o'r isymwybod yw prif ffynhonnell ei gerfluniau. Cyfrinach y delweddau anesboniadwy hynny iddo yw eu presenoldeb a'r ffaith bod eu ffurf a'u cynnwys yn awgrymu pob agwedd ar fywyd cyfoes, yn gymdeithasol a gwleidyddol. Enghraifft o hyn yw'r cerflun 'Cofeb Tryweryn', sy'n cael ei arddangos ar hyn o bryd yn Llysgenhadaeth Prydain yn Efrog Newydd, America.

Twm Morys

Bardd, llenor a darlledwr o Lanystumdwy. Enillodd Gadair yr Eisteddfod Genedlaethol yn 2003 am ei awdl, 'Drysau' ac mae wedi cyhoeddi ddwy gyfrol o farddoniaeth, *Ofn Fy Het* (1995) a 2 (2002). Y mae'n fab i'r awdur Jan Morris; cydweithiodd y ddau ar *A Machynlleth Triad* (1994) ac *Ein Llyw Cyntaf* (2001). Twm hefyd yw prif leisydd y grŵp Bob Delyn a'r Ebillion.

Bywgraffiad

Iwan Bala

Ganed yn 1956 yn Sarnau ger y Bala, Meirionnydd
1974-75 Coleg Prifysgol Cymru, Aberystwyth
1975-77 Coleg Celf Caerdydd
1990 Artist Preswyl, Oriel Genedlaethol Zimbabwe
1993 MA mewn Celfyddyd Gain, Caerdydd

Aelod o Grŵp BECA, Ysbryd/Spirit a'r Grŵp Cymreig, cyd-ffurfiwr Y Prosiect Artistiaid/The Artists' Project, cymdeithas a reolir gan artistiaid i drefnu digwyddiadau rhyng wladol.
2002- Rheolydd Prosiectau, Cywaith Cymru
2003-05 Artist Safle, Galeri Caernarfon

GWOBRAU

Wedi derbyn nawdd gan Gyngor Celfyddydau Cymru, yn bennaf nawdd teithio i Zimbabwe yn 1990 i weithio fel Artist Preswyl yn yr Oriel Genedlaethol yn Harare. Cafodd gymorth hefyd gan y cyngor Prydeinig.
Enillydd gwobrau yn yr Eisteddfod Genedlaethol, 1988, 89, 93, ac yn ddetholwr yn 1995. Enillydd y Fedal Aur yn Eisteddfod y Bala yn 1997. Dyfarnwyd Medal Owain Glyndŵr iddo yn 1998. Cafodd nawdd ymchwil tuag at y llyfr *Certain Welsh Artists* a gyhoeddwyd gan Seren yn 1999. Gwobr Cyngor Celfyddydau i Ddatblygu Gyrfa 2001, Gwobr Deithio Wales Arts International, i Galicia, 2004.

COMISIYNAU

S4C. Ffilm Cymru. Cywaith Cymru/Artwork Wales. Cwmni Ffilmiau Elidir. Y Groes Goch Brydeinig/ Swyddfa Ewropeaidd dros Hawliau Dynol. Canolfan y Celfyddydau Gweledol/ Cyngor Dinesig a Sirol Caerdydd.

DETHOLIAD O ARDDANGOSFEYDD UNIGOL O 1990

+ 2008 Hon, Oriel Plas Glyn-y-Weddw
+ 2008 Llestr/Llong, Oriel Q, Arberth
+ 2007 Hon, Oriel Kooywood, Caerdydd
+ 2006 Mappa Mundi, Canolfan Celfyddydau Llantarnam Grange, Cwmbrân
+ 2005 Agoriad. Arddangosfa agoriadol Galeri Caernarfon.
+ 2004 Hon: Ffurf fy Ngwlad, Amgueddfa Cwm Cynon, Aberdar
+ 2003 Gwales, Oriel Q, Arberth, Penfro
+ 2002 Hanes/history, Le Moyne College, Syracuse, USA
+ 2001 Bod mewn Dŵr (gyda Luis Peñeranda), Oriel Washington, Penarth
+ 2000 Offrymau ac Ailddyfeisiadau, Oriel 31, Y Drenewydd ac ar daith i: oriel Rich Women of Zurich, Llundain; oriel Claude Andre, Brwsel; Oriel Theatr Clwyd ac Oriel Môn.

- 1999 Baneri i'r Cynulliad, y Tabernacl, Oriel Gelfyddyd Fodern, Machynlleth.
- Panorama, Studio 8, Rhuthun; Oriel Plas Glyn-y-Weddw, Llanbedrog.
- Min y Tir, Ymddiriedolaeth Gelf Bae Caerdydd, Tŷ'r Peilotiaid, Caerdydd.
- 1992-93 Hiraeth: Oriel, Caerdydd. Gweithdy Celf Abertawe. Canolfan Gelfyddydau Llyfrgell Wrecsam.
- 1993 codi, cario, creu, Neuadd y Plase, y Bala.
- 1991 Flowers of the Dead Red Sea, ar y cyd efo Y Cwmni: The Tramway, Glasgow; Canolfan y Chapter, Caerdydd; Canolfan Brentford, Llundain. 'Tirweddau Coll', Oriel y Bont, Prifysgol Morgannwg, Pontypridd.
- 1990 Oriel Genedlaethol Zimbabwe, Harare.

ARDDANGOSFEYDD GRŴP (DETHOLIAD)
- 2007 In Arcadia, tactileBOSCH, Caerdydd
- 2006 Anadl Daear, Celfan Wledig Coedhills, Cymru
- 2006 Strata, arddangosfa safleol, Ystrad Fflur, Cymru a Kells, Iwerddon
- 2006 Wales Modern, Canolfan Celfyddydau y Gate, Caerdydd
- 2005 Xuntanza, Lalin, Galicia, Sbaen
- 2005 Identidades, Michoacán, México
- 2004 Ysbryd/Spirit: y Gate, Caerdydd
- 2004 V11 Xuntanza Obradoiro – International das Artes Plasticas Museo A Solaina Galicia, Sbaen
- 2004 Horizons Haagse Kunstkring. Den Haag, yr Iseldiroedd
- 2004 Welsh Contemporaries, Paddington, Llundain
- 2002 A Propos, Amgueddfa ac Orielau Cenedlaethol, Caerdydd.
- 2002 Ysbryd/Spirit, Le Salle Aragon, Trelaze. Le Centre Culturel, Tir Ar Vro, Carhaix, Llydaw
- 2001 Gwyl Ryng-Geltaidd Lorient. Llydaw
- 2001 Dreaming Awake, Arddangosfa deithiol, Gweriniaeth Czech
- 2001 Wales, Unauthorised Version, House of Croatian Artists, Zagreb
- 2001 Ysbryd/Spirit: Mall Galleries, Llundain
- 2001 Canolfan Cymru Ewrop, Bruxelles, Gwlad Belg
- 2000 Locws Rhyngwladol, Abertawe
- 2000 Certain Welsh Artists, Oriel Celf yng Nghymru, Amgueddfa ac Orielau Cenedlaethol, Caerdydd ac Oriel Glynn Vivian, Abertawe.
- 2000 Paentio'r Ddraig, Oriel Celf yng Nghymru, Amgueddfa ac Orielau Cenedlaethol, Caerdydd.
- 1999 Cof Cenedl mewn Celf Gyfoes, Oriel Celf yng Nghymru, Amgueddfa ac Orielau Cenedlaethol, Caerdydd. Sioe Nadolig. Rich Women of Zurich Gallery, Llundain.
- ARTfutures 99, Cymdeithas Gelfyddyd Gyfoes Prydeinig, Royal Festival Hall, Clean Slate Celf Cymru Rhyngwladol, Prosiect Artistiaid, Caerdydd.
- Ysbryd/Spirit, Canolfan Llantarnam Grange, Cwmbrân. Oriel Theatr Clwyd, yr Wyddgrug.
- Breuddwydio'n Effro, Canolfan Llantarnam Grange, Cwmbran.
- Darllen Delweddau, Neuadd Dewi Sant, Caerdydd.
- 1998 Landmarks, Arddangosfa agoriadol Oriel Gelf yng Nghymru. Amgueddfa ac Orielau Cenedlaethol, Caerdydd, Ysbryd/Spirit, Oriel Howard Gardens, UWIC, Caerdydd.
- Artists in Arms, y Groes Goch Brydeinig, Neuadd Dewi Sant, Caerdydd. Graffiti Gallery, Caeredin. Cymdeithas Ddaearyddiaeth Brenhinol, Llundain.
- Eisteddfod Genedlaethol Cymru. Beca yn y Bull, Canolfan Gelfyddydau 'Y Bull', Barnet. Cyfoeswyr Cymreig Riverside Studios, Hammersmith, Llundain.
- 1997 Myth a Modernrwydd, Oriel Rotunda, Hong Kong.
- 1997 Borders/Ffiniau, Oriel Gelf Fodern, Zagreb. Palas Diocletians, Split, Croatia. Amgueddfa ac Orielau Cymru, Oriel Howard Gardens, Caerdydd. Cysylltiadau Celtaidd, Y Grŵp Cymreig, Glasgow Festival Hall.

Y Grŵp Cymreig, Adeilad y Senedd Ewropeaidd, Strasbourg.
Yr 8ed Arddangosfa Agored, Oriel Mostyn, Llandudno.
+ Eisteddfod Genedlaethol Cymru, ennillydd y Fedal Aur.
Oriel Myrddin, Caerfyrddin.
+ 1996 Trans-formation, Muzeum Artystow, Lodz, Gwlad Pwyl.
"6x6", Die Queest Gallery, Ghent, Gwlad Belg.
"Artistiaid Gwadd", Academi Frenhinol Cymru, Conwy, Clwyd.
"Lle-olion, 2", Y Prosiect Artistiaid, Caerdydd.
Eisteddfod Genedlaethol Cymru.
+ Offene Ateliers, Artistiaid Gwadd, Bielefeld, Yr Almaen.
Intimate Portraits, Oriel Glynn Vivian, Abertawe.
+ 1995 Safbwyntiau, detholwyd gan Lois Williams, Canolfan Llyfrgell Wrecsam.
"Ysbrydoliaeth", gwaith yn seiliedig ar farddoniaeth R.S. Thomas. Oriel Plas Glyn-y-Weddw, a Neuadd Dewi Sant, Caerdydd
+ 1994 Lle-olion, Gŵyl Gelf Ryngwladol, Y Prosiect Artistiaid, Caerdydd.
"Pethe'n Newid", Canolfan y Celfyddydau, Aberystwyth.
"Dadleoli a Newid", Mewnosodiad, Gŵyl Ryngwladol, Cywaith Cymru, Bangor.

+ Y Grŵp Cymreig, Amgueddfa ac Oriel Casnewydd.
+ Eisteddfod Genedlaethol Cymru, gwobr. "Trosi/Trasnu", Cyfnewidiad Cymru/Iwerddon. The Bank of Ireland Exhibition Centre, Dublin, Oriel y Crawford, Cork. Gweithdy Celf Abertawe.
+ Gallery Delta, (arddangosfa gymysg), Harare, Zimbabwe.
+ 1988 "Clean Irish Sea", Arddangosfa Deithiol Greenpeace.

GWAITH CURADUROL
+ 2005 Agoriad. Arddangosfa agoriadol Galeri Caernarfon
+ 2002 Capel Celyn. Ymateb Artistsiaid i Tryweryn, Canolfan y Plase, y Bala
+ 2001 Certain Welsh Artists, Oriel Glynn Vivian, Abertawe
+ 2000 Certain Welsh Artists, Amgueddfa ac Oriel Genedlaethol Cymru, Caerdydd
+ 1999 Darllen Delweddau, Neuadd Dewi Sant, Caerdydd
+ 1991-92 Trosi/Trasnu, Arddangosfa deithiol, Cymru ac Iwerddon
+ 1989 Yn Arfog a Breuddwydion, West Wharf Gallery, Caerdydd

CASGLIADAU CYHOEDDUS
+ Amgueddfa ac Oriel Genedlaethol Cymru, Caerdydd (Ymddiriedolaeth Derek Williams).

+ Y Tabernacl, Oriel Gelfyddyd Fodern, Machynlleth.
+ Cymdeithas Celfyddydau Cyfoes Cymru.
+ Coleg Prifysgol Morgannwg, Pontypridd.
+ Amgueddfa Genedlaethol Zimbabwe.
+ S4C.
+ Amgueddfa Asolaina, Galicia.
+ Orbis Pictus Europa, Hornicke Muzeum, Pribram, Gweriniaeth Czech.
+ Iturrienea Ostatua, Bilbao. Euskadi.
+ Canolfan Cymru Ewrop, Bruxelles. Gwlad Belg.
+ Ysgol y Berwyn, y Bala.
+ Cyngor Sir De Morgannwg.
+ Amgueddfa Genedlaethol Zimbabwe, Bulawayo.

LLYFRAU GAN YR ARTIST
+ WAN AA. Cywaith Cymru 2007
+ *Groundbreaking*. The artist and the Changing Landscape gol. Seren 2004
+ *here + now* Seren 2004
+ *Offrymau ac Ailddyfeisiadau/ Offerings and Reinventions*. Oriel 31/Seren 2000
+ *Darllen Delweddau*. Gwasg Carreg Gwalch. 2000
+ *Certain Welsh Artists*, Custodial Aesthetics in Contemporary Welsh Art Gol. Seren 1999.

TRAETHODAU

Cyhoeddir yn rheolaidd yn *Planet* o 1999 ac:
+ 2006 *Take me somewhere good*. Re; *imaging Wales*. Gol Hugh Adams. Seren
+ 2006 Noddfa. *Barn*, Chwefror.
+ 2005 *Her Choreography*. Catalog Artes Mundi.
+ 2005 Horizon Wales. *Postcolonial Wales*. Gwasg Prifysgol Cymru
+ 2004 Gair am Gelf. *Taliesin*. Awst 2004. (Academi)
+ 2004 *Islands of the Floating World*. Catalog Artes Mundi. Seren
+ 2003 A suitable case for study. *Process, The Work of Tim Davies*. Seren

DYLUNIWYD/CLORIAU GAN YR ARTIST

Walesland/Gwaliadir, Nigel Wells a Caryl Lewis. Gomer
Footsore on the Frontier, Nigel Jenkins. Gomer
Postcolonialism Revisited, Kirsti Bohata. Gwasg Prifysgol Cymru
Postcolonial Wales, gol Jane Aaron, Chris Williams. Gwasg Prifysgol Cymru
Barddoniaeth Alltudiaeth/ The Poetry of Exile, Gwasg Prifysgol Cymru.
Welsh Retrospective, Danny Abse. Seren.
Dan Anasthetic, Iwan Llwyd. Gwasg Taf.
Cyw Haul, a *Cyw Dôl,* Twm Miall, Y Lolfa.
Fishbone, a *Pavellons*, David Greenslade, Gwasg Israddol.

The Companion to the Literature of Wales, ed Meic Stephens. Gwasg Prifysgol Cymru.
Cerddi Alltudiaeth, Paul W. Birt. Gwasg Prifysgol Cymru
Ar Wasgar, Roger Owen. Gwasg Prifysgol Cymru

ERTHYGLAU AM YR ARTIST, (DETHOLIAD)

Imaging the Imagination, gol Christine Kinsey a Ceridwen Lloyd Morgan, traethawd Osi Rhys Osmond. Gwasg Gomer 2005
Imaging Wales, gol Hugh Adams. Seren 2003
A Propos (traethawd catalog), Mike Tooby NMGW 2002
Bod Mewn Dŵr (catalog), traethawd Richard Gwyn 2002
Wales Unautherised Version, Alex Farquahason 2001
Paentio'r Ddraig, gol Prof Anthony Jones NMGW 2000
Rian Evans, *The Western Mail*, Awst 1998
John Russell Taylor, "The Big Show", *The Times Metro*, Awst 29, 1998
Sioned Pugh Rowlands, cyfweliad, *Tu Chwith*, Gaeaf 1997
Professor Tony Curtis, cyfweliad, *Welsh Painters Talking*, Seren 1997
Professor Martin Gaughan, *Borders*, catalog, 1997

Margaret Knight. "Welsh Rennaissance", *Artist and Illustrator*, Mai 1997
Laura Denning, *Circa 21*, No2 1995
The Art Unit, Gwanwyn/Haf 1994
Shelagh Hourahane, "Site-ations", *Planet* 108
Peter Lord, *Gwenllian*, Gwasg Gomer, Mai 1994
Fintan O'Toole, "Hiraeth" Catalog, C.C.C. 1993
Sian Wyn Parri, *Barn* No 349, Mai 1991
Sian Wyn Parri, *Barn* No 316, Mai 1989
Menna Baines, *Golwg*, Chwefror 1989
John Meirion Morris, *Golwg*, Ebrill 1989

Y Cwymp (Heilyn fab Gwyn)
inc sepia ar bapur *10x7cm* 2007

Gwalia (Cymru) ar y Gorwel
pastel a golosg ar bapur Khadi *20x20cm* 2004